Birds
Art
Life

A Year of Observation

鳥、藝術、人生

觀察自然與反思人生的一年

———著———
京・麥克利爾
Kyo Maclear

———譯———
張家綺

獻給大衛

鳥兒的啼鳴被視為珠寶，
高掛天空。

安・卡森（Anne Carson）

目次

冬

序言

父親的疾病讓我發現，
悲慟的呈現形式千奇百怪，
好比說漫遊的渴望。

不久前，我在某個冬天

遇見一位愛鳥的音樂家。三十多歲的他覺得，實在難以承受在大城市裡當個藝術家的壓力與失望。他喜歡像爵士樂手胖子華勒（Fats Waller）那樣隨興敲擊琴鍵演奏，無奈演出和自我推銷令他焦慮、沮喪。這沮喪雖然偶有好處，讓他寫出寂寥的愛之樂曲，但多數時候卻會將他生吞活剝。後來他愛上了鳥兒，開始為鳥兒拍照，原本的焦慮也隨之煙消雲散。鳥兒的歌聲提醒他，要多望向外頭的世界。

那年冬天來得早，雪像是下不完似的。我記得有個電台主持人甚至說：「全球暖化？哈！」我正是在那年冬天發現自己內在有某個部分壞了，雖然不清楚到底是哪個部分出了問題，但不論是哪個曾讓我能夠正常運作、順暢無礙的小零件，它已然今非昔比。而我看著身邊的人照舊平順地過著生活、安頓三餐、兼顧事業及孩子。我也想要有個人能提點我方向。我的生活步調亂了。

我父親最近兩度中風，當時尚未入秋，樹梢上仍可見綠葉，而他兩次都在跌倒後無法起身。第二次摔倒後更是嚇人，敗血症引發了嚴重高燒，我甚至不知道他能否撐得過去。核磁共振掃描顯示

15

他的腦部因為微血管破裂，而有輕微出血現象，同一張核磁共振圖也抓出一個尚未破裂的腦動脈瘤。神經科醫生向滿臉關切的我們解釋，這是個「偶然的發現」；但由於父親年事已高，醫生決定不動手術。

父親病情最不穩定的秋天那幾個月，我喪失了語言能力。病房內的生理監測器嗶嗶作響，護理人員嘎噠、嘎噠地推著裝有髒床單的洗衣籃走過，我對這些隻字未提。床位不足，他連續兩天躺在走道旁的輪床，只有一張單薄的毯子蓋住他光裸無毛的腳踝和雙足，醫院餐廳的氣味、候診室內沙發光滑的塑料面、芹菜般的亮綠色，這詭異模樣和軟得不真實的觸感，這些我都隻字未提。深夜回到幽靜的家中，在浴缸裡注滿水後，我閉眼滑入泡沫中放鬆，讓泡沫靜靜洗滌我、撫慰我，這時我不再只是個為他人清理、善盡安撫義務的女性角色。關於這些，我全都隻字未提。我沒有說出最初的失落感，對於那過程緩慢飄忽、卻能在一瞬間讓人崩潰的疾病，我也不知該抱持何種想法。

我在生活中體會無言以對，在紙上亦然。即使找

到時間寫作，卻往往墜入夢鄉。將文字組成字句，再將字句化成故事所費的氣力，讓我身心俱疲。這是一種五味雜陳、而且毫無把握的掙扎努力。而今，這種努力卻讓我漸漸發現，我父親，這個在我心底種下對語言熱愛之情的人，這個帶領我走上寫作路的人，正急速地失去言語表達能力。

即使最可怕的關頭很快就過去了，我還是害怕離開這崗位，深怕一不留神，自己尚未對猝不及防的失去做好準備，就已被重重擊垮。父親曾給我一種信念（他過去是戰地記者，也是徹底的悲觀主義者），那就是做好最壞打算，為自己加上防護罩。我們兩人都是預防性焦慮的信徒。

也可能是我正在經歷所謂的預期哀傷，在還沒確定失去前便開始哀悼。預期，等待，戰戰兢兢。這種哀傷帶著一股濕氣，雖然我未被浸濕，也沒被淹沒，它卻像一團暗淡的雲朵懸在半空中，看似稀薄、脆弱，卻從沒消散。無論我走到哪兒，它便跟到哪兒，於是我漸漸習慣透過這層雲霧看待世界。

我一直以為哀慟單純是傷心的感覺。我腦海裡的

哀慟意象得自於藝術學校，包括慟哭的女性肖像，還有在燭光旁垂手掩面嗚咽的哀悼者畫像。然而我詫異地發現，預期哀傷需要的是一種截然不同的畫面，一種更警覺的姿勢。我的職責就是保持姿勢，或站或坐，不斷掃視四面八方。就像傳奇故事裡的女人，在十九世紀的北美濱海小屋屋頂、在圍著欄杆的高台上踱步來回，目光望向海面，尋找入港的船隻。瞭望台稱作「Widow's Walk──寡婦望夫樓」正因此得名。而我，也站在那瞭望台，從各個角度掃視海面，找尋厄運即將到來的跡象。

我日後讀到 C. S. 路易斯（C. S. Lewis）的《卿卿如晤》（*A Grief Observed*）時，才了解哀傷擅於偽裝和重述。「沒人告訴過我，哀傷的感受竟如此近乎恐懼……嚴格來說，或許更像掛慮。」路易斯如此描寫：「抑或一種等待；單純地懸在那兒，等著事情就要發生，永恆地給予生命一種短暫感受。彷彿沒什麼值得開始，卻不得安寧。」

我的哀傷並未顛覆我的生活。例如，它沒有阻礙我與他人正常來往、運動，或是為蛋糕的新配方去尋找橙花水；它也沒讓我無法在擁擠的瑜伽教室內做出屍臥式，裝作瀕臨空洞的狀態。但哀傷

卻讓我無法停泊，它成了我生活的潛台詞。

某天夜裡，我盯著鏡子，發現自己的眉毛高高聳起。我試著放鬆臉部，讓眉毛能像其他自在的人那樣。隔天，我在電車上看見一個眉毛精心描畫過的女子，覺得那眉毛纖細、憂愁的弧度，讓她像極了多愁善感的卡通人物。就像我，我心想，也很像每一個人。

擔心，它沉重無比，但我試著將之放下。我試著不去多想，試著讓自己分心，試著利用寫作去遺忘。一般而言，我的作品足以抵禦生活的壓力、來自小孩與我年邁雙親的情緒索求；然而，大雪提早到來的那一年，我卻發現自己的作品竟然纖細、脆弱，隨便一個人的情緒爆發，就足以將它砸得碎爛，一如人行道上的廉價廣告招牌。

也可能是我意識到更重要的事：擔心就是種壓迫。心靈一旦乘載過度，它便會縮窄。藝術並非誕生自沒人想要的壓迫感；藝術要的是無形、無際的寧靜、反社會的白日夢，以及遠離日常生活磨耗的時光。

這下子，我與時光的關係、我對時間的態度，都變得益發反覆無常。我想要大把時間，我只需一點時間；時光飛逝如梭，時光遲緩爬行。然而，時間並非我說了算，常常都有外力介入。要我定義時間的形狀，會讓我喘不過氣。全村的人都已熟睡的深夜，就是最好的時間；唯有村民都醒來開始活躍前的清晨，才是好時候。

我已經對被緊急電話和醫院傳來的消息打斷工作習以為常了。一旦我坐下來工作，每半小時就會被打斷，我從椅子上跳起來，像是聽見鬧鈴大聲作響。我心想，時間的意義過去不只如此而已啊。

我研究過我敬佩的作家及藝術家的眉毛，芙烈達・卡蘿、奧黛麗・赫本、葛麗泰・嘉寶、格魯喬・馬克斯（Groucho Marx），我鑽研這些名人的眉型。某本時尚雜誌曾說，「眉毛能作為一張解釋心靈的地圖」。我在找尋能令人滿足、活得精彩的祕方（無瑕的優雅、具戲劇張力的大膽、狂野之創意、眉眼傳情的樂趣）。我想要一張能帶我重回藝術與平靜世界的地圖。

有天早上，我站在咖啡店的櫃台前，凝視著正為

我煮咖啡的男子那雙粗厚的濃眉。我發現，你若是無意再度陷入愛河，就不該久久凝望一張臉。當我望見咖啡機冒出的熱氣在他的眼鏡上覆滿蒸氣，當我看到他在霧氣後瞇著眼、為我的咖啡拉花時，一股愛意襲捲了我。人臉具有一種近乎不宜直視的親暱感，在一個萬物終究將毀壞的世界裡尤其如此。我們很難任憑自己觀看，卻不牽引出情感的後果。

這個男人跟我一樣，臉上寫滿疲態。他曾失去了什麼？抑或他將失去什麼？他打算趁傷感襲來前提早哀悼嗎？

幾天後，健身房內某個男子貼心地幫我擦拭跑步機時的模樣迷倒了我。整脊師傾身調整我身體時，我暈頭轉向，腦內啡流竄全身。雜貨店裡一位陌生女子好心讓我先結帳，我也神魂顛倒。教授、咖啡店經理、遛狗人，我在腦海裡與每個人私奔。我不禁害怕，畢竟我可是流著輕狂的血液。「當心啊，」守護天使在我肩頭低語：「要記得妳有多愛妳丈夫。」

我很清楚自己無意愛上另一個人。我想愛上的是

「粗厚眉的始祖影后」
（奧黛麗・赫本）

「永遠微微上揚的眉毛」
（安・卡森）

「將眉毛拱起十度角」
（巴斯特・基頓 Buster Keaton）

「表情十足的粗黑眉毛」
（宮崎駿）

更廣闊的事物，某樣能沉澱我和我漂泊心靈的事物。就如同一場戀愛，讓我能說出「我在這裡，我感覺自己活著」，而不只是靜靜地讓自己撐著。

要當一盞守夜的燈火，光是泰然自若、日以繼夜地燃燒是不夠的。

隨著我的日子被切分得越來越細碎，我發展出了糟糕的漫遊欲望。

我開始羨慕真正的漫遊者，那些在黑暗大海漂泊，或逸逃登上高山、沿著太平洋屋脊步道行走的漫遊者。我幻想自己隨著步道上的足跡走向蠻荒的所在。但我一向不是戶外型的旅人，而是都市型的，是讓城市定義自我的後殖民主義者。一想到要在日漸暖化的地球尋尋覓覓，而且對著美麗的事物驚呼，就讓我卻步。我的心理狀態也是如此。預習哀慟的感受已在我體內生根，家人生命邁入終點帶來的陰影，讓我對其他終結也充滿警戒。

死亡本身即是「有限」的定義。關於我的漫遊欲，我開始意識到，要找到那條讓我回歸無限、復返

創意及沉思的心靈森林的那條路。

我又夢見小徑上的足跡，醒來時，我驚覺自己渴望的並非逃跑，而是指引。這幾週以來，不論身在何處，我都尋覓著指示。YMCA 的救生員，請教我自由式好嗎？髮型梳理仔細的蔬果攤老闆，請告訴我怎麼料理這些苦澀的綠色蔬菜，可以嗎？我想要知識的禮物。我想要有人陪伴。

我想要有個人能以導師、而非救世主的身分帶領我，讓我繼續走下去。我已準備好當隻小鴨子，追隨第一眼認得的主人。

我和一位知名藝術家聯絡，討論跟她上繪畫課的可能。小時候，我時時刻刻全心沉浸在繪畫世界，但不知何時開始，寫作取代了繪畫，原本屬於本能的畫畫反而陌生了。然而，想要動筆畫的強烈欲望依舊存在，我懷念畫畫那簡單又原始的快樂。

這位藝術家和我相約咖啡廳。她身穿黑色大衣，頸上圍著精緻的灰藍色圍巾。就算我已經先自我介紹，她依舊滿臉狐疑，納悶自己是否走錯了地

方。她點了一小杯印度奶茶；我像是認同她的選擇，也點了一杯。她打直背脊，我也本能地照做。她問我為何要跟她學畫，我回答：「人偶爾也想好好坐著，全心全意接受引導。」我知道這句話聽來被動得詭異，彷彿我正等著救星出現。於是我補充道：「我是說畫畫。」我不希望她會錯意。我不是在找心靈大師，我也不是那種會把自己完全交給別人的人，更不希望她聽見我的渴望；因為我當時要是流露出絲毫跡象，恐怕只會顯得花痴。

這位藝術家若有所思地凝視著我。她的眼珠湛藍清澈，完美框在黑色眼線裡。最後，她總算帶著一抹困惑開口了。她說來找她的人往往充滿渴望，有十七歲立志成為藝術家的年輕人，也有八十五歲的退休商人。這些人的創意都曾遭受唾棄，迷失或不得志；他們的渴求就像一朵朵蓬鬆的白色蒲公英，只要她輕輕一吹，就能看著他們的創意種子揚起、飄散、落地萌芽。

我們坐在窗邊，凝望剛降下的髒雪被行人的腳踢成一團團。一群受驚的鴿子驟然展翅，朝眼前雪白的冬日天際飛去。光的角度，影的濃度，天空

濃雲密布，隨即又晴空萬里，電車吞吐乘客。我能感受到這位藝術家對我的全神貫注和正在流逝的時光。

我望向對街掛在折扣商店外的招牌。

> 別站在那兒，快進來買點東西！
> 賣鞋同行沒得比！
> 買鞋就送浣熊玩偶，送完為止！

我當下心裡就明白，她不會是我的藝術家教。老實說，她沉著的專注與挺立的姿態，讓我失去了勇氣。

我回到家，取出長年未用的畫筆、鋼筆頭和幾瓶墨水。我花了一點時間削好鉛筆，整理好短短的灰色橡皮擦。我還找到一疊繪圖紙。看著削好的鉛筆尖，有那麼一刻，它們就像是箭矢，正瞄準語言或文字無法捕捉的事物，瞄準著另一個可能的人生、潛質、方向、甚至是退卻。我等著讓一條線帶領我，而在這裡，這條線就是鉛筆畫出的線。

在那個寧靜的片刻，我突然頓悟了。一直以來，我可能花了太多時間在哀悼，而不是跳脫出日常生活的窠臼。

當我跟那些箭矢坐著，當疾病與看護工作將我的時日壓縮成細碎的片段，我漸漸意識到，在全新的樣貌及需求下，我的人生需要一個全新、但不那麼軍事化的時間安排。要是我不再追求專注入神卻漫長的一天，不再拚命泡在大工作案裡，那會是如何？要是我放手，讓時間四處消散呢？我能否珍惜這些細碎的片刻，而不是只把它們視為「次等時間」，抑或被浪費的時間、破碎的時間？我能否找到適當的工作方式，讓自己好好活在能將我一把拉起、督促我前進的世界？

我真希望自己能說出「接下來幾星期和幾個月，我再也沒有非得與這世界為敵的感覺了」這種話。然而事與願違。我是自由作家，要我不再表現出勢不可擋的樣子可不容易（去問問那些不斷從掠食者鬼影中逃脫的叉角羚羊就知道）。我仍試圖保護自己，鞏固自己，防禦打算奪走我光陰的匪徒，讓他們無法入侵；我依舊像是永遠無法卸下工作般地走在這世上。除了專注於腦中思緒和自己看似能創造

27

的事物之外，我盡量不做他想。

不過我確實開始與破碎的自己言歸於好了。

十二月

愛

> 鵝，天鵝，鴨
> 一隻鷹，與一隻鴿子

愛上鳥兒，從微不足道中學了一課。

接著，鳥兒就出現了，

突然間無所不在。我能聽見牠們窩在樹叢和住家屋簷發出的聲音：啁啾、啼囀的閒散合鳴——動聽的、刺耳的，為消磨時光而唱的歌曲。某天下午，我和兒子在溜冰時，有隻鷹就在溜冰場上方歇息。我在 YMCA 的泳池仰泳時，瞧見遷徙中的鵝群正飛越頂窗。那飛翔的鵝群就像一只巨大的游標，劃過白色單調的天空。

某天夜裡，我從醫院探望父親回到家後，蜷著身子窩在我那作曲家丈夫的錄音室沙發上。我滿身都是 Purelle 乾洗手劑的味道、以及強顏歡笑時滲出的汗味。這間錄音室是我所知最能放鬆心情的地方，四面牆上鋪著藍色布料和掛裝式吸音板。這吸音板材質是波浪狀的灰色泡綿，能降低回音，吸收雜音，而架高地板也能減少噪音的影響。我融化在它宛若子宮般的撫慰當中。

我先生播了一首他為某部影片所做的配樂，那是以鋼琴演奏的鬼魅音調。我從他的衣帽架上摘下一頂帽子，戴在頭上，順手又抓了他祖父留給他的羊毛衫裏住身子，雙腳翹在他從二手商店買來的茶几上。接著，他選播了福音樂團天鵝銀調（Swan Silvertones）的歌，我的心立刻被福音的拍手聲

31

與完美和聲填滿。

我們一起看了他正在錄製配樂的電影初剪。這部紀錄片名為《十五個活著的理由》（*15 Reasons to Live*），改編自一位加拿大作家的書。當中大致對應了原書章節，包含十五段故事，探討人生為什麼值得一活。

例如，有個名為〈愛〉的片段，講的是一名精神崩潰的魁北克男子在恢復後周遊世界，心靈從而得到慰藉。〈身體〉則是敘述憤怒的情緒如何讓一名心力交瘁的男子投入石頭平衡的藝術。紀錄片中段，在標題為〈意義〉的片段，一位三十多歲的音樂家在陷入因創作而引發的多年憂鬱症後戒了酒，開始在城市中賞鳥，最後從中得到平靜。他說：「我根本不必去想那些事，感覺輕鬆多了，怡然自得。」

他發現，自己的快樂是鳥的形狀。

這位音樂家很有趣，他的微笑中帶著恬靜，讓人感覺他對鳥有種狂熱，卻又不至於盲目。

當晚，我造訪了那位音樂家的網站，看見他拍攝的鳥類照片。這些照片應有盡有，而且稀奇古怪，

不是那種你會在賀卡或鮮豔光燦的鳥類月曆上見到的照片。

這群鳥棲息在鋼筋、玻璃、混凝土與變電箱構築而成的家園。

有隻鳥的臉上罩著一只印著「冷凍芒果」的塑膠袋，另一隻則停在碎燈上，還有幾隻分別停在發黏的灰泥牆、鋼筋捆、大型鍛釘和鐵絲網上。這些鳥兒的行為與一般鳥兒無異：休息、飛翔、理毛、覓食、築巢──然而牠們無疑會更寧願生活在這些混亂、滿是沙泥和垃圾之外的世界。

這些照片透露的，並非平時可見的破壞環境罪行或是世界末日將至的訊息。若說這些照片真訴說著什麼，那就是愛。不是對漂亮女孩的愛，也不是對心愛之物百般呵護、擺在架上或櫥窗中的愛，更不是教人神魂顛倒、迫切渴望，甚至輾轉難眠的愛。這種愛既不理想化，目的也不在占有。我從照片中感受到的，是對缺陷與掙扎的愛，是對黯淡、樸素、美麗，或者有趣的所在──這個我們稱之為「家」的愛。

看著照片，看著鳥兒與牠們的周遭環境，我的心加速跳著。

等待世界對一件事冷靜下來時，我習慣了孤獨；身為兩名年邁移民的獨生女，我習慣了孤獨。我的父母各自離鄉背井，舉目無親來到這個嶄新大陸，在他們的人生歷史上畫出一條走向線。他們倆在這裡並不是扎根於土的樹木，反倒像是長在盆中的植栽。身為必須離群索居的作家，我習慣了孤獨。我在鳥兒的周遭看見的事物難道就是這個？我個人的孤獨？

我聯絡上這位音樂家，打算和他同行賞鳥。我想對一件事專注入迷，感覺自己仍能受到啟發。我沒將大自然視為是我私人的聖地露德（Lourdes），或是療癒的荒原。

又或許我有。

「哈囉？」音樂家向我打了招呼，他身形矮胖，裹著層層棕色毛衣，拿著沉重的相機大步走來。「哈囉？」我也回應他。冷颼颼卻出著大太陽的十二月清晨，我站在大型鴨池邊，吐出團團霧氣。

路上行人遛著狗，池面上的鴨子也滑過我們身旁。

我忽然一陣不安，不禁覺得害臊。我到底在想什麼？

這位音樂家是認真的賞鳥人士，我則是影集《波特蘭迪亞》（*Portlandia*）會揶揄挖苦的普通人，對鳥類一無所知，認為那不過是一種居家布置的主題。我家就像是一間瑣碎的藝品店，蒐集了各式各樣自然風的小玩意兒，從最漂亮的手工鴨子台燈，到尋常的動物布偶，乃至「Anthropologie 人類學」這個家飾品牌的貓頭鷹馬克杯，無一不缺。我生活在無法被原諒的擬人觀（Anthropomorphism）裡，對身為人類感到抱歉。這就是我的感受。

我對活生生的鳥類有何認識？我對野外所知多少？野外對我又有何認識？

我小時候沒在河谷邊採過野莓，更不曾爬越陰暗潮濕的森林，或是觀察過海濱潮池。兒時雖有過許多冒險，但都跟加拿大的野外無關，而是關乎賭場、國際機場和龐大的百貨公司。

我父母是徹徹底底的都市人。我父親是出身倫敦的海外特派員，他在駐紮東京時與我的日籍母親相遇。她是位留著長髮、舉止端莊的水墨畫家，一開始還被我父親巨人般的身高與纖瘦體型嚇到。之後，他們在加拿大大使館舉辦的派對上那瀰漫的濃濃菸霧裡陷入愛河。他愛上她的迷人與美麗，她則愛上他的世故和帶她遠走高飛的承諾。

他們結了婚，幾年後為了工作遷居倫敦，在那裡生下我。後來另一份工作又讓他們來到加拿大，於是這對以四海為家的異國夫妻，突然間就這麼住進了寧靜的北多倫多住宅區。這裡沒有肯辛頓大街，沒有新宿，只有一層厚如毛毯的白雪，只有一些你見牠跑跑跳跳、卻又叫不出名稱的動物，和陌生的有翼生物。父親之後到外地工作，母親則在一幢冰冷的房子裡獨守空閨。這裡一片寂靜，除了屋外鳥鳴，一切悄然無聲。鳥兒在往返之間唱合著，在新地盤上成長苦壯。但這些在空氣中冷凝的音符，一首首候鳥之歌，聽在母親耳裡卻不是安慰。戰時在日本鄉下過了數年苦日子的她，對大自然沒有好感。她喜歡熱鬧的市區，讓自己被厚重的文明感包覆。她喜歡穿著迷你裙和高跟鞋，搖曳生姿地走上大街，指間夾著樂富門香菸，引起騷動。我的母親傾國傾城，她誇耀

自己曾在某些場合讓米克‧傑格、約翰‧藍儂和約旦國王胡笙一世等大人物轉頭回望。她對多倫多沒有好印象。她對這座城市沒有認同感，取而代之的是她透過加拿大冰冷的窗子看見的種種問題。下這麼多該死的雪是要我怎樣？那該死的露台能做啥？

於是她便這麼做。春暖之際，她將後院完全挖開，建起一座傳統的日式石造庭園。她把庭園整理得井然有序，仔細修剪花木，像是遵從僧人規律般地耙著砂土，清除從屋後公園飛進籬笆內的飛盤、羽毛球和棒球。她若要擁抱大自然，就得依她自己的方式：靠灑水器養出的柔軟青苔、精心修剪過的日本樹木。每次我們搬家，她都會這麼做。她在七年內共造出四座日式庭園，一耙一耙地鋪出自己的幸福道路。

母親後來成為藝品收藏家和畫廊老闆（她在婚前所畫的水墨作品仍留在日本，使得那些畫作蒙上了一層傳奇色彩），於是，我在一個堆滿珍奇物品、古怪垃圾、古董家具和陌生人的紀念品的屋裡長大。我們的小小家庭搖身一變，成了一個與世隔絕、風格與習性獨樹一格的國度。

音樂家向我講解池中的鴨子，這略微消除了我的
膽怯。那裡，他說，妳看那幾隻降落水面的鴨子，
像是傻呼呼的水上飛機那幾隻，那些是綠頭鴨。
還有那邊，水池中間湊成一圈划著水、呆頭呆腦
的那一群——看見了嗎？有八、九、十、十一隻，
爭相搶著水面的食物，那些是北琵嘴鴨。他又指
向一隻形單影隻的鴨子，那模樣像是隻大火雞在
水面上搖搖擺擺，那是農場鴨與綠頭鴨的混種。
很明顯，牠的伴最近剛死——某天突然就消失了，
有人說曾看見過屍體。

鴨子也會寂寞嗎？我好奇地思索著，卻沒答案。
我對鴨子一無所知，甚至連鴨羽毛上有油脂包覆
都不曉得。這不知道也奇怪，畢竟我應該已不只
千次聽別人說過「like water off a duck's back ─像是被
鴨子甩下的水」這句俗諺。

那隻農場鴨與綠頭鴨的混血兒看似自得其樂，踩
著水划向好幾群鴨子，四處搭訕鴨小姐。牠是隻
有魅力的公鴨。

綠頭鴨（雌鳥）

這位音樂家有魅力嗎？

　有一點。

　音樂家小時候與大自然親近嗎？

　不。

音樂家告訴我，他是在離不開城市的家庭裡長大
的。他兒時對大自然的唯一回憶，是他在六歲時
把捉到的毛毛蟲放進乳瑪琳的空罐裡，放了點草
當食物，最後蓋上蓋子。沒人告訴他蓋子得鑽孔，
他在一旁觀察、等待未來的那隻蝴蝶。

他告訴我：我會去賞鳥，一剛開始是為了走出錄
音室，逃離自己的想法。我曾擔心沒人喜歡我這
個藝術家，我想被人了解、被仰慕，想變得重要！

那時候我常陷在缺乏安全感的糟糕狀態，不過我現在會花好幾個鐘頭，去尋找渺小、遙遠的生物，牠們才不管是不是被我看見了。我花了大半的時間，去愛一個永遠都不會回過來愛我的東西。這些微不足道的小東西卻給我上了一課。

我們對彼此的陌生感很快就退去。我對於和被自身的藝術性情絆住的人相處很在行。但這位音樂家與眾不同之處，是他在人生中做出了不尋常的改變。他將自己從競爭激烈的世界和對事物感到悲觀當中析離出來。儘管如此，他仍舊是那隻我熟悉的鴨子。

「我們走走吧，」他說。

我跟著他走上小徑。

走著走著，我想起不久前才在艾美·弗森曼（Amy Fusselman）的書裡讀到：「你會訝異，心胸開闊地面對不同、但美好的新事物何其困難。面對的若是不好的新事物（例如疾病）反而很簡單⋯⋯接納全新的美好事物，著實是一大挑戰。」

我有了定論。開放，某部分正意味著培養更好的注意力。我希望像圍著圍巾的藝術家與愛鳥的音

樂家一樣，培養出對世界的寬厚、仁慈與專注。

我一般（非母性）的專注分成三種。第一是藝術上的堅定專注，再者是投入在設備、螢幕讓我足不出戶的專注，最後是我偶爾用來挑戰某些書籍／藝術／電影的持續專注。這三種貌似不相干的專注其實有個共通點：它們都是在走往某地方的路途上。它們各自尋求回饋、贏得成果，還有敘述般的連結。

我用於創造故事和藝術的專注，有可能妨礙了我溫柔、遼闊地看待事物，又不求收穫的能力嗎？若我不抱期待，也不計較代價，對世界或眼前的當下付出我珍貴的專注，又會如何？我能以那種「上帝之愛」去關注這世界嗎？令眾人崇敬的畏怯？我能更有教皇般的精神嗎？

這些問題在我走路的同時飄過腦海，我想像著奇怪的宗教情節，音樂家毫不知情。他也活在自己的世界，忙著望向灌木叢、慷慨給予鳥兒他的關注。他欠身聆聽、彎腰觀察，聽見旋律時則陷入沉默，尋找哼唱的歌者。

41

回到家時，兩個兒子正吹著口哨。哥哥教弟弟吹出音階，我聽著他們在自己的雙層床上吹著口哨，直到入夜。

幾天後，我在街旁人行道上看見一個年輕男子正奇怪地移動著。他先是往前踏步，再往後踩，接著跨向一旁，向前踏，再踏回來。他的動作讓我想起，有時我跟先生也會裝模作樣地跳起現代舞。我好奇他為何在人行道上跳舞，於是走向對街。

躺在地上的，是隻尾巴受傷流血、飛不動的鴿子。我從袋子裡挖出一條健身房用的毛巾，將鳥兒裹起來，輕柔地將牠移到有屋簷遮蔽的門廊。我們蹲下來試著與牠交會眼神。我不曉得牠呆滯的雙眼是否看見了我們，或者牠已不在乎了。牠的動作越來越微弱，但我們持續凝視著。

我以前也見過死鳥，但未曾親眼看著鳥兒死去。理性而言，我知道這隻鴿子稱不上是什麼預兆。我不是會仰望天空、尋找神祕徵象的那種人，但近年來我開始相信機緣巧合。若非機緣與巧合讓

兩個衣著隨便的人在意料之外的情況下相遇，我就不會在這裡。若非我在一個不可思議的夜裡走進一扇謎樣的大門，我也不會遇見我先生。所以在遇見這隻鴿子、而隨後幾天又不尋常地頻繁碰見鳥兒之後，我開始感覺這是老天的暗示，告訴我下一步該怎麼做。我得學習認識鳥。於是我發訊息給那位音樂家，問他之後的這一年我能否跟著他賞鳥。

音樂家說可以。

丈夫：妳在寫什麼？

　　我：這個嘛……

我先生忠誠得沒話說，又懶得懷疑我。要是我踏上一個思慮不周的荒唐旅程，我知道他大概會朝天空拋出彩帶，再大聲喝彩：再會！一路順風！

這就是我們會做的事，我們在各自的不幸中相互鼓勵。

那年冬末，當父親從醫院病床逃跑時，我們也這麼做了。父親在計程車上打電話給我，描述他的逃院情節，彷彿他剛剛用湯匙挖出一條通往自由的地道。其實他不過是坐著輪椅溜到電梯前，再搭電梯直達幾層樓下的大廳，接著在醫院門口招了輛計程車。因為情緒興奮再加上肺氣腫，父親喘不過氣，笑鬧地想像著一場猶如史詩、甚至全國性的大追緝。有那麼一刻，父親不再是病人，而是逃犯。

我們當下為他歡呼，慶祝他成功逃院，但我們沒有輕忽此舉的潛在後果（醫生很快就打電話過來譴責我們），而是因為我們知道，後頭還有更大的危機。

人生總會遭逢某些特定時刻，而在那當下，我們真正需要、對我們也最好的，是擁有編織自己故事的能力。

我們坐在父親家中小廚房裡，吃著我跟丈夫買來歡迎他回家的午餐，我們慶祝的就是這件事。那個當下，我們都在休息，無須完成什麼，也無須特意安排。父親感受到了久違的活力與體力。

所以當他問我在忙什麼，我就直接告訴他了。

44

「我想寫一本關於鳥和藝術的書。」我說（雖然尚未動筆，但文字與決心已經緩緩成形）。

我展現出開放與信任的表情。要做到這點很難，因為午餐全程他的身子都是前傾的，此時他的背卻往後一靠，一臉茫然地望著我，彷彿我剛才說我正打算寫一本如何利用木器耕種的書。

我們坐在那兒冷冷交談。

為什麼？

為什麼不呢？

妳就不能寫點比較有用的題材？格局更大的書？

父親喜歡疏離、嚴肅的東西，他認為我的文字太貼近生活又不正經。他喜歡格局遠大的事物，像是史詩戰役和博大歷史、文明衝突等。對他而言，鳥兒太過渺小、尋常。

也許，我和他注定就像是美國作家格蕾斯·佩利（Grace Paley）筆下，《與父親的對話》（*A Conversation with My Father*）中「故意」曲解彼此的父女。好比我們坐在廚房的那天，我知道他一口咬定我選擇寫鳥是刻意針對他；而我則認為，他否定了大自然與藝術就等於否定了我。這種關係並非全是彼此

的錯。我成為作家，也等於進入家族職業，他則逕自接下導師的職責。

我的英國親戚們寫過幾本「有用」的書：喬治·麥克利爾的《悼念時刻：死者埋葬的禱告與頌歌》（*The Hour of Sorrow, or the Office for the Burial of the Dead: With Prayers and Hymns*）、約翰·費歐特·李·皮爾斯·麥克利爾的《白令海與阿拉斯加，以及西伯利亞東北岸的航海指南》（*Sailing Directions for Bering Sea and Alaska, Including the North-East Coast of Siberia*）、湯瑪斯·麥克利爾的《一八五〇年：四千八百一十顆星星目錄》（*Catalogue of 4,810 Stars for the Epoch 1850*）、麥可·麥克利爾的《一萬個戰爭歲月：一九四五年至一九七五年的越戰史》（*The Ten Thousand Day War: Vietnam 1945–1975*）。

原先在我和父親第一回冷戰對話時盯著天花板看的丈夫，在我們正準備進入第二回時瞥了我們一眼，透露出想逃離的欲望。

痛嗎？

痛。

哪裡痛？

這裡。這裡。這裡。

父親的臉色開始發白，我向丈夫點頭示意：該走了。父親需要休息。當他掙扎著起身，我正好有時間能釐清狀況：我剛才告訴擺明沒時間可浪費的父親，我要寫一本晦澀難解的書。難道我就不能為了他，寫點不那麼藝術的主題嗎？

但我不太擔心。這類家庭問題在某個時間點過後就不會繼續延燒，只剩隨意敷衍，刺探及忽視。我知道他會選擇忘掉我方才說的話，過幾天再問一次：「所以妳最近在忙什麼？」如果答案還是無法讓他滿意，他會繼續問，一問再問。

而我，顧左右而言他，不是因為我是值得讚揚的好女兒，而是因為我不要誰來告訴我什麼才是大題材，什麼又是微不足道。我不想讓潮流或父親替我決定方向。

因為這麼做從來就不是簡單的事。我可以假裝不在乎，內心卻盼望著他感興趣，希望他注意我、認同我。

哪些事物值得吟唱？要是那曲子太微不足道呢？書本會告訴你鳥兒唱歌有幾個原因，像是傳呼彼此、警告掠奪者來臨、領航、求偶。但我對書裡的看法不感興趣，我更想知道那位音樂家怎麼想。「鳥為何歌唱？」我在初次賞鳥快結束時問他。我希望他說因為牠們非唱不可，因為牠們不得不唱，因為歌唱是牠們的天性，是一種抑制不住的需求。

「我無意過度異想天開。」他說，「擬人化是很危險的習慣，而且很難戒除。」

我結巴了。我心中承認自己擬人化的習慣也許真的無藥可救。「我保證絕不會告訴別人。」

音樂家緩緩點頭，最後開口：

「好吧，鳥兒**可能**只是為了開心而唱。」

我不解他的回答為何讓我如此快樂，但我就是開心。

一月
牢籠

澳大利亞雀鳥
及籠中鳥

與籠中鳥共處一籠，
思索每天該如何重獲自由。

愛可以如此刺眼

強烈，滿是偏執的能量，足以將你消滅。身為獨生女的壓力——孤單無依，難以躲避地被需要，父母過度關注的焦點，讓我好想拔腿逃跑。小時候，我真希望有個兄弟姊妹，就算假的也好，還有大家族成員間的相互扶持。青春期的我總想逃家，打開牢籠，解放自己。

剛滿十六歲的那年夏天，我跳出我房間的窗戶，跟朋友在屋頂上奔跑。有位鄰居以為屋頂上有賊，於是報了警，但我們繼續狂奔，再從一棵樹上滑下，那時警笛還在街上大響，接著我們爬過圍籬。我朋友——她是凱魯亞克（Jack Kerouac）和柯蕾特（Colette）的書迷——不斷跑著，髮絲在夜色中飄揚，但我只撐了一個小時就認命回家。因為我擔心家裡的貓，也擔心陽台門可能沒關好。不顧家人就離開的感覺沒讓我心安理得，反讓我心中充滿罪惡感與不安。

我就是在那天意識到自己真正的性情與處境。我的自由與創作需要阻力，它要抵抗某些重壓，超越某些限制，才能發光發熱。

從那一刻起，問題就不再是「我該怎麼逃離這裡，

前往更美好的地方？」，而變成「我該怎麼利用自己現有的東西？」我不再幻想一個人的自由、資源和時間若是完全不受限，他能做些什麼；我更感興趣的是，在處處受限的環境裡，一個人能做些什麼，以及該如何利用少量資源開創出一片富足，或是腦袋在重重限制下還能創造些什麼。

也就是說，少讀巴爾扎克、里爾克、菲利普·羅斯（Philip Roth）。多讀點夏綠蒂·勃朗特、卡夫卡、蒂莉·奧爾森（Tillie Olsen）。

在處處受限的生活夾縫中，要如何創造出空間與距離？這問題在我認識音樂家之後，有了更實在的意涵，聚焦也更顯銳利。他奇蹟似地在我們擁擠的城市裡找到了空間；他願意帶領我進行為期一年的尋鳥之旅，對此我滿心感激。他讓這個艱困的時刻似乎變得愜意了些。

我迫不及待想開始，無奈天候不配合。我們原本已安排好觀鳥行程，但卻起了大風，又太冷，所以當他改邀我去參觀他父親的鳥舍時，我欣然赴約。

音樂家的父親也喜歡那些「鳥東西」。他在一九九八年建造了自己的鳥舍，運用巧思及木材和鋼絲網，將一間單房公寓改造成可供澳大利亞雀鳥自由飛翔的地方。

音樂家每週會過去三次，打掃鳥舍，也餵餵牠們。由於他父親在○九年重重跌了一跤，於是託付兒子代為處理這些事，而音樂家就一路幫忙到現在。

鳥舍待久了，音樂家也成了愛鳥人士。他告訴我，有回他捧著一隻瀕死的雀鳥，鳥兒微弱的心跳讓他不知所措。他不曾這麼近距離地研究鳥，也沒觀察過鳥兒細緻無瑕的羽毛，而那次的經驗改變了他。他買了相機和鏡頭，並藉拍攝雀鳥學會了使用這些設備。一次難以抗拒的衝動，竟像是滾雪球般。到了二○一一年，他不只待在鳥舍，還盡可能地花時間到野外，建構起一張多倫多的鳥類學地圖，研究此地各個季節中鳥類的行為與習性。

　　所以我明白這間鳥舍有多重要。我那時還沒能理解，他的賞鳥經驗何以讓他變成心神不寧的養鳥人。他對教人迷戀的獨特鳥類不再抱有幻想，也不愛寵物交易，許多野生鳥種原本就因為森林

遭砍伐而數量銳減，現在更因為遭人捕捉而減少，最終滅絕。照顧鳥舍起初只是暫時幫忙父親，後來卻演變成負擔。但他想當個好兒子，想把這當成一個神聖的責任，這一點我很能理解。

青春期那次的逃家行動，逃離的是我的角色、我的未來與人生目標等諸如此類的想法，從一個盡守女兒本分的故事中逃脫。而我返回，是因為我不知道能去哪裡，或是這些想法一旦剝離之後，自己還能是誰。

「別緊張，我只是穿了件毛線背心，」音樂家帶我走進公寓。我跟在他身後，踩上嘎嘎作響的狹窄階梯。毛線背心是音樂家的行頭之一，他還戴了羊毛小帽和格紋圍巾，看起來簡直就像美國二〇年代禁酒時期掛勾犯罪的男人。

　　這間公寓的狀況更是增添了一種見不得人的印象。這裡冰冷、簡樸，屋內除了冰箱、長桌，以及好幾落的厚紙箱之外，什麼都沒有。這間原本可能是作為臥房之用的鳥舍寬約十呎，長二十五呎。我們把蓬厚的外套隨手擱在桌上，音樂家

接著遞給我一雙藍色的乳膠手套，帶我走進去。

冰冷、破敗的室內空間與鳥舍內興奮的混亂形成驚艷的對比，那看起來就像有人將一把又一把的法國糖果拋到空中。羽色鮮明的鳥兒飛舞著，四面八方——前後左右上下來回。我數了數，共有二十隻。音樂家指出五種不同種類的雀鳥，分別是擁有亮麗紅頰的星雀、有著緋紅尾羽及亮眼白點的斑脇火尾雀、巧克力色澤的孟加拉十姐妹、幾隻橙腹紅梅花雀，以及一隻母的藍飾雀。每一隻都是色彩炫目、充滿生命力的奇異生物。

我在房裡兜著圈子觀察小鳥，沉浸在鳥兒占地為王的奇異氛圍中，音樂家則是出出入入地忙著清掃。對他來說，這間鳥舍沒有什麼好開心的。這一切有違「反悔寵物所有權法」，根據該法規定，孩子有權將不想養的寵物抵押給父母，但不該反向行之。

就我的觀察，他的父親是個連續嗜好犯，注意力不斷被萌生的新興趣牽著走。他曾經製作短波廣播，後來又無緣無故決定養熱帶魚，接著他棄魚轉而蒐集首日封。音樂家解釋，所謂的首日封，

就是蓋上郵票發行首日日期郵戳的信封或卡片。後來他又熱衷於收藏相機。

老實說，這種程度的嗜好轉變很不尋常，也許以一間鳥舍來說也確實有點不負責任，但我能看出他父親曾對鳥兒寵愛有加。從他一時興起的熱情就能看出來：親手製作的棲木、鳥浴盆固定在滴水的水龍頭底下；最重要、也最不可思議的是，這整間輕輕鬆鬆就能以一千五百加幣月租金出租的公寓，居然是二十隻小鳥的住所。雖然牆面、家具沾滿汙垢與結塊的鳥屎，但鳥兒看起來很健康，毛也理得乾淨，室內也有充裕的空間讓牠們自由地飛。

我按照音樂家的指示，幫忙填滿飼料盤。然後，我驚覺自己引起了騷動。我出現在這間密閉的鳥舍，讓鳥兒陷入高度警戒。牠們在房內瘋狂穿梭，從籠子一側飛奔另一側。牠們慌亂地在棲木間移動，小小的翅膀凌亂地拍振著，盡可能和我保持安全距離。空氣中有些許絨毛和羽毛飄著，我原本視為歌唱的啾啾聲聽來有點刺耳。

這時我也才意識到，原來戴上那雙手套並非為了我，而是為了牠們——保護牠們不受我身上可能帶有的病菌侵害。鳥舍的隔離氛圍令我迷惘，

原來我是個傻呼呼闖入的侵略者。

　　我看見鳥兒如同著了火般飛動，發現原來點燃鳥兒焦慮感的正是自己，這不免讓人開始懷疑「本以為自己對世界無害、影響也不大」的想法，或許只是假象。對我而言，這引發了我未曾有過的深切感受，對於我自身的大小與比例，則多了一種不同以往、卻更精準的觀點。我不能說我喜歡這樣，畢竟誰會喜歡在和其他物種接觸時，自覺像是哥吉拉？

　　但也許這就是真相。我們多半不會刻意去傷害鳥，有些人或許會獵殺飛禽，或因為油輪漏油而害死了鳥，但大多數是因為砍伐樹林，及毫不知情的愛好——為享受大自然而侵犯鳥類棲息地，或是將鳥兒關進籠裡觀賞，因而間接造成傷害。再不然，就是在無形間殺害了鳥兒——因為我們的通訊塔、風力渦輪發電機等科技、我們的窗玻璃、我們不足為奇的碳足跡，抑或放任家貓到戶外撒野，代替我們進行屠殺。史密森尼生物保護研究所（Smithsonian Conservation Biology Institute）有一份研究指出，美國境內的家貓每年殺死的鳥類數量，約為十四億至三十七億隻。另一份來自英國保育慈善機構哺乳動物協會的研究則顯示，英國家貓估計每年會捕捉約五千五百萬隻鳥（這是貓咪帶回家

的「戰利品」統計，其中尚不包括沒有「帶回家」的獵物數量）。

我在鳥舍裡呆站片刻，假裝自己是一根無害的棲木，然後請音樂家打開鳥舍大門，讓我出去。他在裡面又待了一會兒，繼續做點雜事，我則在一旁等著、看著。他絲毫沒有驚動到鳥兒。

「渴望擁有能保護與照顧的對象，乃深植人心的強烈感受，於是導致人類掌控動物的欲望。這點無庸置疑，也無可厚非，出自人類最健全的天性。」這個出自《金絲雀與籠中鳥插圖本》（*The Illustrated Book of Canaries and Cage-Birds*, 1878）的看法雖然老派，卻歷久不衰。

這間鳥舍簡樸單純，沒有任何矯飾，卻有它的價值。早些年的養鳥人曾一度流行花費巨資，為鳥兒打造奢華的牢籠空間——從喬治亞王朝時代宅邸的縮小模型，乃至複製出一座泰姬瑪哈陵或艾菲爾鐵塔。但這間鳥舍使用木材與鋼絲結構，走的是實用路線；雖然有點掃興，但至少很實在。

音樂家在鳥舍裡來來回回，像是個家事機器人，重覆他每週都要執行數回的機械化動作，順序先後也一如往常，盡好身為人子的責任。我很好奇，鳥兒對自己被幽禁會有何想法。牠們可會羨慕窗外自由翱翔的同伴？長期關在籠中的牠們可會渴望被放出籠外？又或者，如果牠是在鳥籠中出生，這還能稱為監禁嗎？牠們可知道自由後該何去何從？甚至雖然被監禁籠中，卻一無所知？

確實有某些故事，描述生於囚禁中的動物日後會對外界感到恐懼。雖然這似乎有違常理，但人為飼養的動物通常會意識到，牠們在野外存活的機率至多是未知數。逃走或是飛離的假想簡直太麻煩又可怕，所以牠們情願待在籠子的庇護裡。

我懂。我懂裹足不前的感受。我懂雖渴望改變、卻被困在同一個精神牢籠裡的感受。我懂在人生某個階段必須奉獻自己，努力扮演好母親和女兒、自我卻所剩無幾的感受。飛出敞開的大門變得好難，在你拚命囤積孤單、隔絕他人的同時，可能也為自己築起了高牆。

渴望自由的天性也許根深柢固，但在某些方面，你我都是囚鳥。我們可能受制於傳統，或身陷在一段越來越像籠中鳥的關係內，也許是家庭、婚姻或職業，雖然舒適且習以為常，但牢籠終究是牢籠。我們或許是畏懼於一片浩瀚無垠，或者害怕未知的墜落感而無法動彈。當我們捨棄美妙的自由而改求財富上的穩定，當日子過得像是有如廣場恐懼症般，我們於是誤以為待在上鎖的屋內才是真正的安全，這讓我們全成了囚徒。習慣的牢籠，自我的牢籠，野心的牢籠，物質主義的牢籠。免於恐懼與免於危險之間的界線，並非總能輕易分辨。

　　要當一隻靠著機智在野外求生存的自由飛鳥，這絕非易事。

但如果你把自己關起來會如何？

幾年前，我在墨西哥的土倫（Tulum）遇見一位年長的馬雅女子，她說我的肝臟有憤怒堆積著。她形容那是「tu puño pequeño ——我的小拳頭」。她給了我一朵花，象徵被壓抑的怒火，要我把花扔進海裡。

　　容我直接跳到我第四次試圖把那朵象徵的花

丟進大海的那一幕。海風礙事地吹著，一直把花吹回來打在我臉上，我穿著棉質洋裝繼續涉水前進，直到海水深及胸口，我又笑又氣，小波浪不斷襲來。還不快給我滾，我對那朵花嘶吼。

我想，偷偷逸逃的故事之所以教人著迷，是因為那不尋常，而突破枷鎖的角色則像是一盞指路明燈。就拿美國知名的賞鳥人菲比・史內辛格（Phoebe Snetsinger）來說，她成年後幾乎只在密蘇里州郊區生活，禁錮在家庭主婦及四個孩子的母親的角色當中，盡力討好、配合他人。菲比在孩子還小時便開始賞鳥，藉此走出家門。被安穩的生活節奏綁住令她不安，於是她踏上漫長旅途，走到她不再是任何人的母親、女兒、妻子、姊妹的地方。儘管旅行總有歸來的一天，但她持續地走，踏遍世上最遙遠的叢林、深山與林地。她發現，世界就在她的腳下，開放而豐饒。

象徵的花朵最後總算飄入大海。

母親有一次曾試圖逃家。我七歲那年，她掏空家裡的銀行帳戶，打包行李，帶著我和日籍褓母搭上一輛開往尼加拉瓜瀑布的灰狗巴士。因為我父

親長年在外工作，她受夠了獨守空閨的日子，也受夠了這十五年來對他的縱容，還有他的工作成癮和嗜賭問題。她真的受夠了。她從大瀑布附近的公共電話打給我父親，要求離婚。父親央求：「拜託回家吧。」在那水流驚天動地的澎湃瀑布前，我不曉得他們還講了什麼，但她在掛掉電話當下就做了決定。她請褓母幫我們在瀑布旁拍了一張合照，然後登上返回多倫多的巴士。

就逃家而言，這次行動規模不大，時間也相當短暫，我卻留下了印象。

我從那時知道，儘管我們企盼著不受限的生活，卻仍可能選擇依附於限制，選擇已知的不自由，而不是如瀑布流瀉而下的未知可能。

我在讀菲比‧史內辛格的相關資料時，發現她在五十歲確診罹患末期癌症，於是才開始真正投入賞鳥。醫生診斷的預期過早，她後來又多活了將近二十年，但是這一時的誤判卻讓她有了所需的動力與通行證。我不敢說她生這場病很幸運，但妳若身為人母，而你對於擁抱自由、跳脫家庭的期待會被認為是卸責且極度自私，那麼，有時這

會是唯一的出路。對菲比‧史內辛格來說，黑色素瘤就是一道通往遼闊世界的恐怖大門。

史內辛格在一九九九年過世，享年六十八，是在馬達加斯加的賞鳥行程時死於巴士交通意外。當時她已見過、並記錄下八千三百九十八個鳥種，這在歷史上無人能及。

我不知道史內辛格的子女是否怨恨母親長年不在身邊，或埋怨她竟任由無法澆熄的熱情宰制她的人生；不過，我知道她的四個孩子當中有三個日後都成了美國的鳥類研究員。

最近我翻出母親和我在尼加拉瓜大瀑布前的合照。照片中，四十歲的她穿了一件黑襯衫與白背心，正處於百感交集的中年人生十字路口。我則

套著淡黃色披風，一臉擔憂，害怕自己不小心跌進瀑布裡。母親在我披風後扶著，當時還是孩子的我覺得她希望我在她身旁站得安穩。如今我同樣已成人母，想法因此也有了改變——也許，她希望的是我和她一起展翅高飛。

音樂家和我現在都在鳥舍外，望向籠內，鳥兒看來已經不那麼焦躁了。有隻斑脇火尾雀撲向鳥浴盆，另一隻蹦跳到食盤上。要是我們關燈，牠們就會陷入一片寂靜，好似天色已向晚。

劈啪一聲，音樂家扯下手上的乳膠手套，扔進滿溢的垃圾桶，我也照做。雀鳥唱著歌，當樂音軟化了屋裡的僵硬稜角，我注意到他的表情也隨之柔軟起來。我看得出他不是真的在生父親的氣，反而更像是擔心我們在用執迷不悟的方式，對待我們所愛的事物。

多年來，我一直向自己陳述一個故事，在當中將母親塑造成悲劇人物，一個不幸犧牲自己，接受

家庭義務而斷送藝術成就的人。在那個神話裡，大瀑布的旅途成了她投降與失敗的象徵。我暗地責怪她放棄，連努力嘗試都不願意，就這麼平白浪費了她的藝術美夢。

　　但那是我編造的故事，不是她的。那是在我腦中藝術思維下假想的藝術家的故事；那是一個讓我能在如此對照下，看見自己更顯自由（更好、更堅強、較不受挫）的故事。

　　事實上，實情或許正好相反。另一個故事版本裡的母親並未受挫，她沒有被隔絕在機會的大門外，沒有被鎖在頑固習性裡，也沒困在索求過多的追尋中。她在我這年紀時，並未覺得自己因為受義務牽絆，而無法去追求能讓她快樂的熱情。她熱愛藝術，但若沒有藝術她也無妨。這不影響她。有段不算短的時間，她無暇去尋覓世間之美，這也不錯。即使不想作畫，她也從不自責，或認為自己失敗，也不覺得自己因此毫無價值。母親對藝術的態度輕鬆，緩解了她對完美的追求。她創作不受任何人催促，她創作是為了自己。

　　真相可能就落在這兩種故事之間。

對我來說，母親就是一個謎。我們之間有語言和性格上的隔閡，她不會洩漏自己的想法，不會公

開自省，而且容易被激怒。因此，每週與家人共餐時，我學會了讓談話保持輕盈愉快。我永遠不會知道，母親在拍下那張照片之前，是否曾有那麼一刻，想像著嶄新的開始與生活，而且沉浸在暈眩的幸福感當中。我永遠不會知道，那時她打算奔往何方、衝向何處，也不會知道又是哪股力量讓她回心轉意，繼續回到同樣那間屋子，過著同樣的生活。除了維持表象與穩定的必要，或者她對我父親的溫柔愛意之外，我猜不透是什麼讓她離不開。

我仍然把大瀑布前的這張合照當成證據。這照片述說著：有時逃離的衝動與對自由的渴望會牽引你，帶你來到如水般稀薄的稜線，來到個人需求與他人需求之間那道難以消融的界線。別忘了，小心瀑布。

我曾以為，自由是個被藏起來的東西，而我在人生這幢屋子裡頭追尋，想像自己會找到它──它從那床底下溜走了，它就躲在那抽屜櫃後面。

我一度以為，自由是種簡單的釋放，一扇等待開啟的門。門若打開，放出的會是一隻囚鳥，抑或一個成真的願望。

但對於自由，並非所有鳥兒都會選擇在空中盤旋、翱翔。

如今，我理解了自由的真相。自由是一種實踐，而不是永恆的狀態。英國作家傑夫・代爾 (Geoff Dyer) 在《出於純粹的狂熱》 (Out of Sheer Rage) 一書中寫到：「自由需要你每天努力。」自由並非完美的縱身一躍，也不是一場最後的逃獄行動，更不是「某個決定性行動之後的結果，而是需要一再持續努力的任務」。

被困在狹窄邊線和有限的時間當中，你能做什麼？有誰或什麼阻礙著你嗎？

回顧青春期那時跟朋友的逃家記，有件事仍縈繞我心：那時我們逃跑得像是遭到通緝，但要是轉頭看看，會發現背後其實沒人在追我們。是我們將自己的戒律和獄卒放進內心。畢竟我們是好女孩，無法相信逃家居然這麼簡單，也不會有後果。

說到底，如果沒有固定原地的障礙，除了自己，
有什麼能阻止我們離開？

離開鳥舍時，屋內的鳥兒持續高歌著，或許是為
了那遠方看不見的澳洲親戚而唱。嘹亮歌聲向四
面八方發散，在物體之間穿梭迴盪。當我們步下
階梯時，猶能聽見那音律穿牆而出。

二月

微小

天鵝、鴨子、白冠水雞、
家麻雀、北美紅雀、
燈心草雀、山雀、
一隻卡羅葦鷦鷯、
一隻白頭海鵰、
還有一隻
鳴角鴞

小小鳥與小小藝術的滿足感，
及在巨大野心的年代裡，
聚焦於微小目標的無畏。

我下了點功夫，

像是試著仿效鴿子將地上的麵包撕成可吞食的大小那樣做著。這類練習，我總是伴著使命感和危機感這麼做，也隨著家事和煮飯這麼做。

音樂家則是自然而然地這麼做。

他的做法就是每天享受小小的大自然，而不是偉大的荒野風景或遠走高飛，我覺得這很有道理。大旅行是征服冰河，是前往馬達加斯加的輪船，是法國的凡爾登河谷（Verdon Gorge），是愛爾蘭的莫赫（Moher）斷崖，是月球漫步；小旅行則是剛除過草的城中公園，是偶然造訪安大略湖畔森林，是一大堆泥土。微小從沒讓我沮喪。而大旅行——長途跋涉的探索，迷戀山峰的探險家——對我來說，哎呀，感覺太浮誇了。追尋宏偉遙遠背後的驅動力，不過又是一個說明西方中心思想如何貪功致敗的例子。

我喜歡微小。我喜歡人聚焦於微小目標時的叛逆無畏。

我們能攜手前往微小的泉源，來一趟象徵性的朝聖。

二月時，音樂家帶我前往市郊的船塢。我們把車子開進停車場，那裡沒幾台車，卻滿是鋼鐵圍籬與重機械，成堆成疊的碼頭棧板，以及已經除役、

又因為結了冰而閃閃發亮的流動廁所。這裡不像世外桃源，反而更像電影《瓦力》（WALL-E）當中的場景；音樂家口中的「賞鳥熱點」，在我想像中可不是這般模樣。

我跟著他沿著棧板道，走往草木蔥鬱的湖邊。

過沒多久，我就坐在湖畔岩石上，身邊圍繞著數百隻休息中的綠頭鴨、白到發亮的天鵝和白冠水雞。鳥兒窩成一團相互取暖，享受嚴寒中的午睡。一隻休憩中的天鵝把喙塞進羽毛裡，和我相距不過幾呎之遙。

音樂家指著湖裡的天鵝，教我辨別黑嘴天鵝、小天鵝和疣鼻天鵝，接著就去拍攝幾隻白冠水雞。

由於不熟悉環境，我安靜等候指示，盡可能與岩石融為一體。然後，就這樣，我居然就這麼融入了。時間一分一秒過去。一隻黑嘴天鵝縮起脖子，唱了一曲滑稽的黑嘴天鵝喇叭之歌。三隻小天鵝沿著岸邊划水來回，反映出我心境的漂泊不定。

隨著我思緒間的縫隙逐漸擴大，一切都在轉變。我想像自己正身處在變化莫測的電影場景──從伯格曼式的荒涼，褪變成塔可夫斯基式的迷濛，

灰色霧氣從水面冉冉升起，對面湖畔的煉鋼廠隔絕在一片朦朧中。方才我看到的三隻小天鵝，身影也漸漸模糊。我望向湖濱，看見一個遙遙之外的單薄人影：音樂家在白茫之中赫然現身。

因為下巴凍得僵硬，我們走動暖暖身子時幾乎不發一語。一對北美紅雀飛過我們身邊，落在樓木上，在寒冬的蕭瑟背景映襯下，牠們紅黃色的身軀相當顯眼。

來到一條泥路小徑，音樂家駐足拍下幾隻燈心草雀和山雀；他像是個色情片導演嘟囔著：「寶貝，小寶貝，親愛的，你長得真美，可不是？」雪花落在我們頭頂。喀嚓，喀嚓，喀嚓。幾隻體態豐潤的白喉帶鵐蹦蹦跳跳來到我們眼前。「寶貝，小寶貝。」

他蹲在小徑上，進入一條聚精會神的隧道中，雪花飛旋在我們四周。我想像著即使是一場突如其來的暴風雪、一群北美野牛的出現、一隊穿著硬派緊身衣的摔角選手，也都無法讓他分心。我獨自走回停車場，好找些能讓自己暖和點的東西。我調整了早上用魔鬼氈固定在身上的披肩，手套外頭再裹上一層羊毛襪，兩腳交替地跳著的同時，也邊唱著詹姆士・布朗 (James Brown) 的名曲《Get on the Good Foot》。

　　我返回小徑時，音樂家舉起手。

「有了，妳聽。那就是了，卡羅葦鷦鷯。」

　　驚鴻一瞥，鷦鷯模糊的赭棕色身影隨即消失
在帶刺灌木叢裡──牠的動作輕盈，速度快到我
們無法好好看上一回。才一眨眼，又有隻年幼的
白頭海鵰飛入高空，牠通體深棕，因為年齡還太
小，所以頭尾都還沒長出醒目的白羽毛。我們跟
著牠來到水畔，看見一群冠毛猶如伊莉莎白時期
新娘頭飾的鏡冠秋沙鴨。牠們潛入水裡尋覓藤壺，
身旁的大冰塊撞得叮噹作響。

走回車上的途中，我們遇見一行人，他們七人正
站在一棵樹旁，不言而喻的鏡頭全向上瞄準。有
隻小小的鳴角鴞正棲息在高處的巢洞裡，掙扎著
想入睡。鳴角鴞羽毛帶有細緻的灰褐色條紋，好
似一件隱形斗篷，能讓牠們完美融入周遭環境。
可能有上百人行經鳴角鴞周遭幾碼，卻毫不知情
牠的存在。但某個眼尖的賞鳥人識破了牠的偽裝，
四處呼朋引伴來看。於是，現場閃光燈狂閃，猶
如一陣風暴。

卡羅葦鷦鷯

「關注是一種最珍貴、也最單純的慷慨。」法國哲學家西蒙娜·韋伊（Simone Weil）如此描述。但在那一刻，我能清楚感受到音樂家憤怒的氣血正在流竄，因為大家只顧自己好奇，正用錯誤的方式驚擾鳥兒。他收起相機，一張照片都沒拍。

當天除了那些攝影者，還有其他人來到船塢。那些人是我們走在茫茫湖畔所見的幾道鬼影，稍縱即逝的存在。有個女人沿途在步道上撒下鳥餌，她穿著 Stevie Nicks 風格的連帽披肩，鬼鬼祟祟地經過我們旁邊。等她走遠，我撿起一些鳥餌放在掌心，隨後就有隻山雀飛上來，牠體重幾乎不到一、兩盎司。另外還有幾名年長的賞鳥人，他們臉上長滿鬍鬚、穿著運動服，像是在死之華樂團（Grateful Dead）演唱會外賣黃牛票或大麻的模樣。他們悄悄湊近音樂家。「湖濱有隻小天鵝哦。」他們說。面對這種短暫又奇怪的親近感，音樂家似乎覺得無妨。

回到車裡，我們打開暖氣，開往回家的方向。我們倆都默不作聲，迷失在自己的思緒當中。我在

想，除了幾個明顯的例外，這個賞鳥地似乎還不賴。我喜歡人與人之間那種沒壓力、也不具名的友善；我想，鳥兒加入其他群體時亦是如此。不會過度強調自我，也不會試圖引人注目，只是融入整個群體。我好奇這種融入感之所以令人放鬆，是不是因為那對藝術家而言其實是種自我解藥，架構在永無止盡的需求之上──賦予自我個性、成為你自己的自己。在這裡，不再需要令人疲乏的自我主張，而是融入群體，獲得解放。

拿起擱在飲料架上的咖啡，我快速啜飲幾口，聞到了那在我頸上繞了兩圈羊毛圍巾的潮濕氣味。

一個星期前，我第一次去看音樂家的表演。因為到得晚，所以我坐在吧台旁的破凳子上，一隻腳抵著牆，免得搖晃。緩緩轉著的迪斯可球燈讓室內閃爍著光芒。吧台上擺著一排啤酒，這室內大概有四十個人。音樂家穿著西裝，打了領帶，模樣帥氣。但他表情怪異，模樣遲疑，結結巴巴。我在凳子上左搖右晃，雙腿懸在半空，為他感到緊張，也好奇接下來會如何。我知道他活在音樂世界裡，能在自己的公寓裡聽著馬勒 (Gustav Mahler) 和 The Band 樂團的曲子，或是接連數小時彈著鋼

琴。但我也知道他內心滿是藝術家的疑慮，他在賞鳥時尋得的平靜，在他上台那刻起就煙消雲散。

他的歌聲躊躇，卻美妙悅耳，我從沒聽過這種嗓音，那感覺像是一隻小紙船，漂蕩在擁擠的淺水池面：一個細膩、易碎之物。他的歌詞不時提到鳥兒、鬼魂、馬兒、哀傷的家庭、惡棍、希望，有著說書人的風采。如此誠摯的純淨嗓音竟來自一個自我懷疑的男人，這感覺宛如魔法般不可思議。

高速公路上的車流移動緩慢，我們的話題談到了「野心」。我們互問：多少才算足夠？談到他的新專輯時，他說打算以他個人網站的名字做為專輯名稱──《小小鳥語》。專輯裡會有一系列簡單歌曲，當中所有樂器都是由他演奏。

　　「我喜歡用某些細微的聲音唱起歌的感覺。妳知道，就像在城市喧囂中揚起的小小鳥語。」

　　「我知道。我懂你的意思，」我回答。

如果你將自身所有全數傾注在一首如小船的歌曲上，坦誠相對，那會怎麼樣？這是大行動還是小舉動？如果你選擇讓自己站上小小的舞台，明知歌曲很快便會消散，卻仍為你內心裡的小小人物而唱，這樣算是微小還是巨大？

日復一日，我都在小街上一家小咖啡館內小角落的一張小桌上寫著我的文字。天候若是和煦，咖啡館會打開大門，家麻雀有時會蹦跳而過，或是從頂上飛越。我不知道自己何時開始迷戀起微小的事物。描繪瞬間的圖畫、近乎顯微等級的雕刻、精簡的故事、動畫短片、短篇小說、小庭院、經濟型的工作室、愜意的晚餐派對，以及自己在滿足小小需求的小日子裡微微增加的寫作時間。

話說回來──我不願我父母由於年歲而縮水變小。我不想要排他或獨占性的小（例如：只限某個小族群獨有）、小心眼或排擠外人的狹小（以維護小鎮價值之名，排除新來人口），或者氣度上的小（情感的吝嗇）。

這與完美、討喜和高尚無關。小，若標著高昂價碼，或對藝術品味膚淺，就不是真正的微小，而是如娜塔妮雅‧羅森菲爾德（Natania Rosenfeld）在〈微小頌歌〉（*In Praise of the Small*）這篇可愛的散文中所點出的，「是龐大的相反……是浮誇的微小」。那能以誇耀的微小稱之。

可能是我將微小歸類為意圖的純粹，也可能是我的女性主義傾向作祟（這也解釋了男子氣概和宏偉的象徵為何吸引不了我），或是身為佛教徒的傾向使然，我認為和宇宙事物相比，自我更顯得渺小。

「不少人嘗試重新找回人類原初且基本的視野，讓自己從難解的全球經濟支配中脫身。」馬修‧柯勞佛（Mattew Crawford）在他那本獨樹一格的《摩托車修理店的未來工作哲學》（*Shop Class as Soulcraft*）中如是說。「我認為，真正能拯救世界的，會是恆河沙數的小小事物，」二〇一四年辭世的彼得‧席格（Pete Seeger）在過世前幾年這麼說：「有太多事物都是在搞大時出亂子的。」

我很清楚自己袒護微小的心態。因為我母親是一

個大量囤貨的愛好者，比起龐大，我更偏愛精巧。而且我有個喜愛冗長難耐的華格納風格歌劇的丈夫，因此我在聽覺上更崇拜簡短和含蓄。

我的注意力退化也是一大因素。我再也無法好好坐著，看完一部長片或讀完一本厚書，週日版的《紐約時報》更是讓我焦躁不已。很久以前，我還能坐著看完六百多分鐘長的紀錄片《浩劫》（Shoah），讀完一本厚到能當成門擋的書，聽完一整套盒裝專輯。但到了某階段，文化中積累的懶散便找上門。我依然喜歡豐富的故事與悠長蜿蜒的句子，欣賞內心迂迴且情感豐沛的角色，但比起普魯斯特的《追憶似水年華》，我還是偏好閱讀泰居・柯爾（Teju Cole）的《不設防的城市》（Open City）。

所以，為了巧妙的濃縮物及親密性未被過度縮減的微型作品，我努力地辯護著。艾德蒙・德瓦爾（Edmund de Waal）在《琥珀眼睛的兔子》（The Hare with Amber Eyes）裡，描述他手中的根付（Netsuke）是一場「在精密度上微小而紮實的爆炸」。這形容未免太貼切。就我個人的經驗，一件作品外在上的微小，也可能蘊藏著龐大的內在。一則意想不到的

Instagram 貼文、一則好笑的漫畫也能讓我滿足。微小未必要深邃,才能讓我在當中自在航行。

這只是一概而論,我當然也喜歡龐然宏大的事物,像是太平洋、耀眼奪目的大型博物館、摯友所寫的那些思想宏觀的大書、我丈夫那充滿靈魂的渾厚歌聲。我也景仰他人的偉大成就,喜歡露易絲‧布爾喬亞(Louise Bourgeois)的大型雕刻作品〈母親〉(Maman),也喜歡彼得‧多依格(Peter Doig)那豐富、反極簡風格的畫作。我喜歡泰倫斯‧馬利克(Terrence Malick)野心勃勃、偶爾卻顯得窘困的史詩電影。我要感謝他的《永生樹》(The Tree of Life)帶給我莫大的勇氣。畢竟你上次看見壯觀得如此誇張的作品,是多久以前的事?

有些人可能會將做小事和維持渺小狀態的想法視為逃避、自我保護意識,或是某種病態的膽怯和壓迫。

微小,是安全的避風港。你的目標越小,就越不可能洩氣,或者「cut down to size—被挫了銳氣」。這麼說來,對微小的偏好也可能是一種低期許、或者陰柔的順從,像是「我不想被視為招搖、笨

重、過度自信或野心勃勃」。

即使我們渴望壯大，但好女孩都被教育成要讓自己顯得渺小、將自我限縮到在世上所剩無幾。如果我們也只是區區「少數」，那麼擁抱渺小就是一條不叛逆、而且可預期的道路。渺小，嬌小，謙遜，細緻，服從，細聲，乖巧，可愛，陰柔，迷你玲瓏……大眾普遍認為亞洲女性不蠻橫，唯獨小野洋子例外；可想而知，她傲慢而誇張的藝術論調不時會遭人蔑視。

若論及更高的層次，我們生活在一個矛盾的世代，一方面，我們擁有培養出小咖紅人的數位時代。「我們生活在一百萬個渺小的舞台上，」影集《波特蘭迪亞》的共同編劇凱莉．布朗斯坦 (Carrie Brownstein) 說：「Twitter、Instagram、Tumblr、Facebook、YouTube，晚餐餐盤成了食物的展示櫃，床鋪成了我們睡覺的場景，自拍則是邀請你露臉的喝彩聲。我們把個人的活動、感受、家庭和我們的天空全攤在大眾眼皮底下。」而另一方面，我們的經濟發展模型認為，如果你從事的是微小的事物，就代表你能力不足，而且意志薄弱，除非那是精品和工藝品，附帶昂貴價格或不朽意義的小物。

「要對自己多點自信。」母親說，好似我文學的「風格」是一件因為自尊低、個性內向而導致的事情（也許某方面來說果真如此），也是一個必須透過訓練增強自信來矯正的問題。「妳要是寫點犯罪小說，或是能讓李奧納多‧狄卡皮歐去演的作品，或是一隻只愛吃香蕉的貓的故事，不是挺好的嗎。」有次我問她，對我創作的某本繪本有何感想（她花了幾個小時讀完，甚至上網 Google，試著推敲出這本書的價值）。她答道：「真可惜，妳不能像某某某那樣寫出一本曠世鉅作。我朋友都在討論她。」她邊說邊把一只大燉鍋塞給我。我們坐在她擁擠的公寓，周遭全是她的畢生收藏。

那天她已經塞了不少東西給我：一只幾乎跟車子一樣大的電鍋、一袋重達三磅的胡桃，以及整整一大包的運動襪。

讓我不開心的，是那些她沒說出口的設想：沒有成名做大事，就等同在藝術上不順遂，或是和失敗畫上了等號。我的想法和她的相反，我不希望苦惱於默默無聞或生活困頓，也無意否認她身為移民母親可有的自豪權利。事實上，我也不知道該怎麼做大事，也許我缺乏喬治‧歐威爾（George

Orwell）在〈為何而寫〉（*Why I Write*）中提到的寫作必備條件：百分之百的自我主義。但對亞裔女作家而言，所謂「百分之百的自我主義」是什麼？黛博拉‧利維（Deborah Levy）回應歐威爾的說法，形容：「即使是最傲慢的女作家，都得花時間努力培養出夠強健的自我，讓她能撐過一年的第一個月，更別說一路撐完十二月。」

如果我躲在「更微小的平行世界中那更渺小的人群裡」有錯，那也是因為我正在尋找其他在藝術上的成功典範。微小只是另一種可能的角色，證明無論市場多麼用力去強迫大家一致，總會有人在市場不注意的小角落創作著。

以下我簡單選了些人物與鳥類──他們的「微小」值得讚頌。這也是一座「微小的萬神殿」：

清少納言 （966-1017）

日本隨筆及和歌作家，風格凝練且備受佳評的隨筆集《枕草子》，撐起了日本藝術與文學當中渺小和藝術的關聯。

林布蘭 (1606-1669)

才華洋溢的荷蘭藝術家，起初以小型蝕刻版畫而馳名，當中包括一系列使用光裸白紙作畫的乞丐和流浪漢畫像。作品中未完待續的不完整樣貌最為著稱。

歐歌鶇

奶油色胸口上覆有棕色斑點，輕快如長笛般的轉鳴樂句與眾不同。

松尾芭蕉 (1644-1694)

俳句詩人。相較於描述大自然的遼闊，芭蕉更擅長捕捉人類生命的渺小。芭蕉往往利用質地宛若微粒的手法描寫出宏觀的思維。

舒伯特 (Franz Schubert, 1797-1828)

奧地利作曲家，他在短暫一生中創作出六百首藝術歌曲。知名次女高音露德薇希（Christa Ludwig）的演唱讓這些歌曲進而廣為人知。她說：「舒伯特如此偉大，又如此細膩，但他卻選擇如此低微而安靜的方式，好讓悄然鑽入情緒之中，讓他的內在爆發，而且利用這種微小，找出各種表達情感

的方法。」

烏鶇
擁有光滑的藍黑色羽毛，可以同時唱出兩首歌曲。

艾蜜莉‧狄金生 (Emily Dickinson, 1830-1886)
美國詩人，她曾形容自己「如鷦鷯般渺小」。她隱遁而居，將個人生活的細瑣化成詩詞，將「微小」歸為包羅萬象的原子和北極星。

雨果‧沃爾夫 (Hugo Wolf, 1860-1903)
奧地利作曲家，以其樂曲深刻而富戲劇張力的縮影著稱，這類作品也被稱為「迷你的傑作」。

夜鶯
樸實的褐色身軀，紅尾巴，行蹤飄忽，但最為人所道的是牠美妙的夜曲。

羅伯特 · 瓦爾澤 (Robert Walser, 1878-1956)

瑞士籍德語小說家，他曾給自己筆下的角色如此的座右銘：「變得微小，然後保持微小。」瓦爾澤後來因為精神疾病進了收容所，他在當中利用近乎微雕的字跡寫出的「極度精緻」的散文相當出名。

保羅 · 克利 (Paul Klee, 1879-1940)

德裔瑞士籍畫家，最為人所知的是他野心勃勃的小型畫作，當中融合了音樂、玄祕、畫符，以及淘氣的詼諧感。

黑頂山雀

頭形大而圓，身軀嬌小，性格十分好奇，唱出的曲調簡單。

喬治 · 莫蘭迪 (Giorgio Morandi, 1890-1964)

義大利畫家，最著名的就是他場景小又平凡的靜物畫（大多為花瓶）。畫作中運用自制力和微妙的觀察，傳達出高度縝密的思緒和熱情。

伊莉莎白 · 碧許 (Elizabeth Bishop, 1911-1979)

美國詩人，作品數量不多，但名氣響亮。她曾說：

「我們平時深深著迷於龐大事物，但何不偶爾看些精巧的藝術品、短詩、小曲——在這個嘈雜、怒目而視的巨大世界——諸如此類讓人自在、音調輕柔的細緻小物？」

紫紅朱雀

頭部有著覆盆子般深粉紅的色澤，喜歡在樹頂覓食，歌聲曲折而婉轉。

蒂莉‧奧爾森 (Tillie Olsen, 1912 -2007)

美國作家，著有《沉默》 (*Silences*) ，她的手稿字體相當小，作品量少。她道出經常被排除在文學史紀錄之外的人物帶給自己的憂慮煩惱：「貶低、排除在外，最後崩潰」，這些人默默無聞到你甚至從未耳聞其名。

羅莎‧帕克斯 (Rosa Parks, 1913-2005)

非裔美國民權運動家，她拒絕在公車上讓座給白人的小舉動引燃了群眾運動。

歌帶鵐

羽毛黃褐色與灰色交錯，條紋鮮明，歌聲抑揚頓挫。

皮特・西格（Pete Seeger, 1919-2014）

自謙的美國民謠之父，也是小型社會運動的成員。他往往講述不為人知的小人物，集結微小心聲，讓這些音樂變成足以掀翻屋頂的大合唱。

莫里斯・桑達克（Maurice Sendak, 1928-2012）

無與倫比的美國繪本作家，他在二〇〇四年美國公共電視網的訪談中講到，他在五〇年代選擇這種簡樸的形式，是因為他對自己不太有信心。他說：「我沒打算畫畫，也沒有要賣弄作畫，更沒想過要有畫廊作品，我只想躲在沒人看得見我的地方，全心全意地表達自己。」

北美黃林鶯

擁有如蛋黃般的亮黃色，在高處棲息著，唱出甜美的曲調。

小野洋子（1933-）

日裔藝術家。在一九六四年和約翰・藍儂相遇之前，她將生命無常的浩大題材，濃縮在她的渺小冥思當中，集結成一本名為《葡萄柚》（Grapefruit）的小書，限量五百本發行。她的歌唱風格會讓人有「亞洲女性不具威脅而溫順」的錯覺。

西斯托・羅利葛斯 (Sixto Rodriguez, 1942-)

墨裔美國歌手，以極具親和的謙遜與樸實生活風格著稱。他對自己的唱片在南非蔚為風行毫不知情，也不曉得自己激勵了當地反種族隔離運動的大眾。

燈心草雀

身體大致呈深灰色，尾部為亮白色，囀啼之間充滿短促的顫音與平靜的音調。

斯林卡裘 (Slinkachu, 1979-)

倫敦攝影師，利用微小的人物模型，打造出街頭縮影——拍攝完畢後，這些模型會留在原地，任由掃街車、行人沉重的步伐，以及城市的獸性宰割。

分鐘人樂團 (Minutemen, 1980-1985)

美國龐克搖滾樂團，因為音樂作品的時間短促而得此團名。他們相信只憑簡單設備就巡迴全國演出的「簡約巡演」，就是對於雷根總統時期的貪婪企業和及大量消費主義的反擊。

戴菊

英格蘭體型最小的鳴禽，成鳥體重只有大約四分之一盎司。牠們鳴叫的音頻相當高，高到許多人根本聽不見。

我們差不多要到家了。在開往市區的最後一段路上，我問起音樂家對於流傳後世的看法。回想他在酒吧的表演，我好奇他在舞台上的形象雖是靦腆而且厭惡自我推銷，但他是否想過「留下什麼給後人」這樣的事，或是有過想寫出「流傳千古之作」這種想法？我也想知道，光是如此短暫浮出水面，唱唱這些小歌，是否就已足夠？分享後隨即被淡忘，那永恆的榮耀呢？他難道完全沒興趣嗎？

即便他顯然未曾夢想成為超級巨星，但我仍感覺得到，他的音樂創作若是乏人問津，他肯定也會失望。獨自對著井口低語，或是把寫下的字句藏進抽屜，抑或深埋在地底，我跟音樂家都不是這樣的人。

他微微笑著，過了不久說道：「妳知道嗎，有時我喜歡思索人創造出的事物——美妙歌曲和

著作的深遠歷史——就落在一間大型圖書館的書架上，我們姑且假設是在美國國會圖書館好了。我想像那些書架一路從地板頂到天花板，想像我喜歡的藝術家們個自都在架上占有一層。鋼琴家顧爾德（Glenn Gould）也許會有兩層，也許另一個藝術家會有三層直逼屋頂的架子。我心想：我只想在某個書架上有個小小的一席之地就好了。只需要給我幾吋空間，在哪兒都無妨，或許是個角落——要是這樣，該有多好。」

　　我點頭。只要在這些創意的大千世界諸多瑰寶旁占有小小一席之地。這個美夢，說到底或許也不是多小的夢想呢。

春

三月
等待

角鴞鵂、
庫柏鷹、
與孤單的北美鵂鷹

等候鳥兒與啟發——的挫折感與意外收獲。

等待之際，

正值初春。雪花蓮伸出嫩青枝枒，藏紅花初次露臉。此時原本該是樂觀的時節，我的感覺卻偏偏相反。我和音樂家坐在海柏公園（High Park）內一間家庭餐廳的雅座，過去幾週的天氣陰鬱淒涼，積累街道兩旁的黯淡雪牆已開始溶化，路上滿是看似灰色瑪格莉特調酒的灰濁物質。

通常我很享受我們聊天時的天馬行空，暢談不休。友誼流連在這交談當中。與朋友相處最需要這種時間感，卻又不受時間約束，所以近年來年輕男子會格外吸引我，不是沒有道理的。他們通常比我小個幾歲，沒有家庭牽絆，也不覺得每分鐘、甚至每秒鐘，都有責任在身。

但音樂家此時正鉅細靡遺地說著賞鳥討論版上某人惹惱他的事情。對方是一個我素昧平生、也永遠不會碰到面的人。於是我往後一靠，耐著性子等他說完。我的目光離開糖罐，注意到前方牆上的時鐘指針正默然行進著。

這讓我疲憊地想起人格的現實面──接著就發現，這音樂家就跟世上其他人一樣，陰晴不定又無聊，而我則是個板著臉又不耐煩的朋友，完全不曉得該如何「流連」卻不煩躁。

我抓準時間，飛奔離開餐廳，好去接八歲的兒子下課。雖然我最後衝刺好準時到達，但終究還是遲到了。

兒子在等我來的那十分鐘內，在凹凸不平的冰上滑倒，劃破下巴。我發現他自己穿過雪地走來，身後拽著沉甸甸的書包。雖然遠遠地看不見他在流血，但我馬上就看出他走路的姿勢不太對勁。他悲慘地、恍惚地走著，像是個墜落在北極荒原中的菜鳥飛行員。我拔腿衝過去，一把捉住他，蹲下來幫他檢查傷口。他哀號著，眼淚撲簌簌掉在地上。

因為傷口很深，所以我抱起他向最近的醫院求診。他在我小小的車裡痛得哇哇大叫，很快就變成嚎啕大哭，直到穿過人滿為患的急診室門口，他才安靜下來。他來過急診室，已經訓練有素。

混濁的酒味；塗著閃亮藍色眼妝、胸部豐滿的護士；焦橙色的合成皮座椅；腳踝受傷、眼睛下方有道疤的少年正將巧克力棒塞進嘴裡；一個抱著乾癟包包的瘦弱女孩；戴著眼罩、白髮蒼蒼的女子；用超長吸管啜飲柳橙汁的中年男子坐在輪椅上；電視螢幕播放著《新鮮王子妙事多》（*The Fresh Prince of Bel-Air*）；清潔人員沒完沒了地把地板擦得

102

光亮；牆壁那難以形容的米黃色⋯⋯幾個鐘頭過去，我們也換了幾個坐姿，肚皮開始咕嚕嚕地響，口乾舌燥。吃完我背包裡的杏仁後，我們把目標轉向販賣機，買了士力架巧克力和 Sun Chips 多穀脆片。

我兒子開始覺得睏倦，原本緊張卻準備就緒的表情鬆懈下來，變得一臉無聊。他癱躺在我腿上，雙手合掌枕在臉頰下。我向他道歉自己來晚了。「這本來不會發生的，」我說，他抬起頭，不解地望著我。我將他的手腳收攏好，在我懷裡的他就像一塊蒲團。有個醉醺醺的女人像是剛跟牆壁打了一場架，但她打輸了。她對我們露出溫柔的微笑。她鼻子、額頭都有瘀青，裹著紗布，嘴上塗著厚厚一層鐵鏽色的唇膏。我也回以笑容。這急診室裡人滿為患，我們都處在同樣的等候當中。

醫生喊了兒子的名字。疲憊、再加上急診室醫生和緩撫慰的聲音，他乖乖忍受著冰冷的縫針，只發出微弱的呻吟。當醫生縫合他的下巴、拉扯他受凍的肌膚時，我扶著他的腿；當他精神充沛地向急診室的醫護人員說再見時，我牽起他的手。（「回頭見！」他說。「希望你別再來囉！」他們這麼回道。）那時他正感受著大量分泌的腦內啡，以及一閃而

103

過的惆悵感。這是他半年來第二次嚴重摔傷，也是第二次縫合傷口，這兩次摔跤背後都沒有其他原因。他就只是摔倒了。

後來，半夜十二點四十分，我躺在床上，聽見兒子在樓下打開所有電燈開關的聲響。我下樓，像是走進了體育場館般的錚亮。他說：「我很擔心，我不想一直跌倒。」我想起來我有一小包瓜地馬拉的忘憂娃娃。於是，我在被一疊沒拆過的信件壓住的珠寶盒中找到那包娃娃。我兒子是個相信特殊療法的人。我把三隻穿著小小衣服的小娃娃拿給他，他捧在掌心，逐一對每隻娃娃細聲訴說他的每個煩惱。送他回房睡覺後，我躺在床上，想著那幾封從沒打開過的信。一共有七封，那是父親過去這二十年來住院時交給我的。每封信裡都寫著我必須知道的每件事，每個我得聯絡的人，只是以防萬一。我對每一封信分別細聲訴說願望：希望你是封情書、希望你是張飛往義大利的機票……

無事發生，無人前來，

無人離去，這太可怕了。

——貝克特《等待果陀》

(Samuel Beckett, *Waiting for Godot*)

等待遲到的朋友。排隊等看電影。等待電話鈴響。
等待郵件寄達。等待結帳。等待路上車陣前進。
等待火車。等待飛機。在無光的戲院內等待。在
一個陌生國度等待。懷孕時的等待。等待小孩緩
慢成長。等待年邁的父母。等待某些事出毛病。
在醫生診間等待。等待慢性病。陳腐公務的等待。
等待救世主到來。在候補名單中等待。盼望與等
待，等待與盼望。童年的等待。等待長大。等待
變老。等待復原。等待下一場中風。等待從肉身
中解脫。等待靈感
降臨。在休耕中
等待開耕。什麼
都沒想、也什麼
都想的等待。等
待暴風過境。等待
太陽露臉。

月底時，我和音樂家再度見面，相約前往安大略湖邊的公園。那地方以前是座精神病院。那裡有一隻「熱門」的鳥，音樂家覺得這機會千載難逢。空氣溼潤而柔和，厚厚的雲朵飄過天空。那一天也恰好是我的生日。

「我正在找的，」音樂家說，「是一隻可遇而不可求的鳥。」他解釋，所謂「可遇而不可求」是指走失的迷鳥。對觀鳥者來說，沒什麼比一隻誤入異地、或在錯誤時間點出現的鳥兒更具吸引力。我們要找的鳥是北美鸊鷉，這種水鳥在北美西部很尋常，但在安大略卻相當罕見。

可遇不可求的鳥，這讓我有點忐忑。這有沒有可能是氣候變遷的預兆？可能會為物種帶來災難？或者，那只是一隻沒方向感又不合群的叛逆鳥？

我們坐在船塢旁的湖灣邊，頭頂上的天空色如白紙，背景則是交通尖峰時刻的噪音，而那隻鸊鷉就在遙遠湖岸兩側的正中央漂浮著。雖然距離很遠，不易觀察，牠仍是我見過最優雅、最美麗的水鳥——牠體態纖細，羽色黑白分明。這讓我想起舞蹈家碧娜・鮑許（Pina Bausch），深色長髮繫在

優雅的頸子後，帶有一種舞者傲人的雅緻和俐落感。

我們等待牠靠近。

等待。

再等待。

實在很難決定我們該往哪兒去，是此岸還是彼岸好。我們先試一邊，卻看見鷿鷉漂往另一側，於是我們走了二十分鐘，繞到另一側，這時鷿鷉卻偏又朝另一側湖岸靠去。

於是我們等了又等，好一陣子。我們坐在石頭上，又移往草地。天空一片淨白，幾個鐘頭就這麼過去。音樂家輕而易舉地維持靜止不動，我卻是非常努力才能保持平靜。如果我們參加靜止界的奧運會，我想他絕對能站上頒獎台。

一陣微風簌簌拂過我的耳骨，來看這隻鷿鷉的人又更多了。音樂家解釋，要是有隻熱門的鳥兒現身，消息就會在串聯美洲各大愛鳥人士的交流網上擴散開來，速度快如野火。

二十年前，如果你目睹一隻稀有鳥類，你也許可以告訴公園裡的路人，粗略地指向鳥兒出現的方位。現在，藉由手機，賞鳥訊息能有精確的衛星

定位。「紐約中央公園附近的八十九街，發現一隻體色黃褐的藍鶯雌鳥」，在牠被人目擊的下一刻，這消息便會傳至喬治亞州薩凡納的某個賞鳥人那裡。

上午十點左右，湖邊此時已布滿手持雙筒望遠鏡或大砲望遠鏡的人，也有架起腳架的攝影師。幾個原本不是為了賞鳥而來的人用手圈起眼睛，試著一窺那隻名鳥。在這個上班日，這群人究竟是打哪兒來的？為了拍一張模糊的照片，在荒蕪的防波堤上枯等好幾個鐘頭，這真的值得嗎？

一隻深色條紋、白色尾梢的庫柏鷹從我們上方飛過；一隻頂著歌手克勞斯·諾米（Klaus Nomi）龐克髮型的角鷿鷉正大顯身手潛入水中，消失無蹤。音樂家和我猜著這隻角鷿鷉等一下會從哪兒冒出。那裡，或者那裡，也可能是那裡。這是個輕鬆又好玩的遊戲，但不是給奔波勞碌的人玩的。而我和他早在許久之前，就卸下了自己的庸碌。

度量時間的基本單位，我們據以安排自己的節奏；波浪打著拍子，天空顏色從紙白漸漸變為鈷藍──這些也都是退休者划著小船的節奏。又或許，

這是手持火把的革命者，與企業抗爭而自行罷工者的節奏。無論如何，我們都不在工作崗位上。我們和時間框架的節奏脫了鉤，而我長久來總覺得自己遲於趕赴某些約定的感受也隨之消融。

我聽見音樂家按下快門的聲音，抬頭瞥見一隻北美鷺鷉伸出了雙翅、張開羽翼。接著，牠將之收攏，復返湖面，漂浮。

根據韋氏字典的定義，「Wait ─等待」的意思是維持在一種期待狀態，直到有事發生，才會有所行動。也就是準備就緒地保持沉著。而等待的字源，是望著，保持留意、警覺。

等待是去接近空無，去感受接近空無的感受，相信它的意義不僅僅如此。

對賞鳥新手來說，最難適應的就是毫無計畫、也不保證能有結果的等待。瑞秋·卡斯克（Rachel Cusk）在小說《輪廓》（Outline）裡，就捕捉到了這種令人不安的空轉感受。她形容那是「莫大的徒

勞」及「如同生了一場病」，感覺「真的有如在經歷庸庸碌碌的一生後，就這樣靜止不動」。大多數人都沒有時間去生這種靜止病。人生苦短，為了一隻鳥而在冷風中、在石頭或木塊上連續坐上數小時的想法，會被人說是發瘋和痴傻。

然而，「對賞鳥人來說，時間有不同意義」。紐約的傳奇賞鳥人絲塔‧莎菲爾（Starr Saphir）如此形容。身為中央公園賞鳥界的天后，莎菲爾近四十年來每週都會帶領四次的賞鳥團。某回，甚至連知名脫口秀主持人康納‧歐布萊恩（Conan O'Brien）都來參加，讓人印象深刻。賞鳥團每次收費八美元，總長約五至六小時——這表示得長時間等待。莎菲爾在二○○二年確診罹患轉移性乳癌後，賞鳥團依然沒有中斷；就算她得吞服止痛藥才能繼續，也從沒停過。她承認：「每次出團結束，我幾乎都是爬著回家，然後直接癱倒在床上。」她知道自己所剩時日不多，而時間沙漏流逝飛快，但她依舊帶著無盡的耐心持續帶團及等待。或許等待延緩了時間。她活到二○一三年，遠遠超過醫生預估的死期。

等待之所以痛苦，是因為你不想等待的渴望及目

標。某天在牙醫診所時，我突然有了如此頓悟。牙醫師因為另一台手術而延遲看診，時間仍無動於衷地前進，牙醫助理誇我是她見過最有耐性的病人。她對於我就像一張沒帶骨頭的人皮、動也不動地披掛在椅子上候診敬佩不已。「我是新手媽媽。」我說，她心領神會地點了頭。

躺在那張椅子上——暫時不必帶小孩、思考、說話、做事——我明白了：等待有時教人痛苦。但老是為了他人奔波、想盡辦法想把事情全擠進一天有限的時間裡，其實也很痛苦。

音樂家和我又兜轉了一圈，好活動一下筋骨。氣溫漸漸變冷，我們呼出的氣成了一團團白色雲霧。當我們折返，回到原本坐著的位置時，北美鷺鷀仍漂浮在遠處的水面上，無視牠吸引而來的諸多目光，繼續享受著專屬於牠的午間韻律，鳥界的「孤獨漫步」。

保持清醒，等待。再等待。我正在學習，儘管我在學的這件事既朦朧又平凡，但我意識到那很重要。那關乎如何成為一個賞鳥者，而且可能更甚於此。還有以下原因：

如果你希望看見某樣事物，尤其是格外飄忽不定的東西，你就得學會等待，像個虔誠教徒或滿懷希望的情人。選好自己的位置，一屁股坐下。你將坐在冷風冰雨之中，等待某個美麗事物的降臨可能。

你會發現，你所在之處有種魔力，教你哪兒都不去。如果你夠幸運，這魔力會吸引鳥兒靠近，或是讓你更能注意到牠們。你會持續坐在那兒，直到你融入環境。

如果你開始焦躁不安，你必須克制住自己朝一群鴨子或雀鳥衝過去，好看看牠們逃之夭夭的淘氣誘惑。你會藉由這個知識克制自己，不在棲地做出「唐突、粗心、魯莽」的舉動——一如自然學家喬恩・楊 (Jon Young) 所形容的，像部「鳥兒鏟雪機」。畢竟這樣的舉動不只惹人厭，甚至可能威脅到其他生命。耗費力氣飛離、又降落在陌生環境的鳥兒，很可能會在驚慌失措時遭受潛伏獵食者的攻擊。

你會發現，賞鳥的目標就是盡可能地安靜、

隱形。最簡單的方法，就是只待在同一處，把騷動降到最低。當你停下急躁的動作、突發的聲響，以及無謂的坐立不安，就連那些把自己隱匿起來、又緊張兮兮的鳥兒，也可能會對你產生敬意，這意思是牠們會忽略你的存在。

即便你必然會發現，人類所有的渴望皆非唾手可得，但你的耐心會得到回報。你會遇上難得出現、完美藏蹤的事物。這些事物或許稍縱即逝，也不會有顯著的收益，但你會發現，賞鳥的領域有時正是奇蹟的王國。

加拿大詩人兼賞鳥人唐恩・麥凱（Don McKay）：「你能做的，只有確定自己身在對的棲息地。」

加拿大歌手尼爾・楊（Neil Young）：「我不去思考歌曲，而是等著它們降臨……如果你想捉到兔子，就不該只守在地洞前。」

美國作家安妮・迪拉德（Annie Dillard）：「無論我們是否能感受，美麗和優雅仍會自然地展現。我們能做的，不過是試著在那當下身處其中。」

音樂家和我收拾好東西，準備離開。荒蕪的防波堤邊此時仍有二十幾個人正靜靜守候，等待或許永遠都不會降臨的那一刻。我佩服他們的決心和毅力，以及他們的「計畫」當中超越常理的動能，這與世上其他人正在做的事情如此背道而馳。他們沒有促進城市的經濟活動，而是反經濟力量而行。

　　道別之前，音樂家送了我這輩子第一本的賞鳥書，是羅傑·托瑞·彼得森（Roger Tory Peterson）一九六七年出版的《賞鳥田野指南》（*A Field Guide to the Birds*）。那是藍色的精裝版本，裹著硬挺的玻璃紙，相當漂亮。我小心翼翼地托著書，或許還有點謹慎過頭，彷彿我正摸著一本蘊藏了所有我從沒想過自己會好奇的事物的書。

四月

知識

> 一隻紅翅黑鸝、
> 一隻美洲家朱雀、旅鶇、美洲木鴨、
> 一隻翠鳥、
> 一隻煙囪刺尾雨燕、
> 一隻夜鷺、
> 一隻白鷺、歌帶鵐、白喉帶鵐、家麻雀、
> 還有一隻赤膀鴨

關於書本在現實世界中的實用性，
以及了悟某些事的魅力。

我對鳥兒最早的記憶，

是倫敦特拉法加廣場上的鴿子。我還記得當時就站在尼爾遜將軍紀念柱旁，滿手抓著麵包，被一大群飢餓、貪婪的「鴿海」包圍。那時我四歲。我記得那個留著精靈系短髮的褓母，向我示範如何把麵包屑丟出去。像這樣，她說，輕輕丟。

遷居加拿大後，我記得有種小鳥常落在學校外頭的地上。這個靜謐、綠意盎然的小地方叫「森林之丘」。那些鳥在空中飛來竄去，誤以為大片的玻璃是一條清透的通道，於是一頭撞上學校的哥德式玻璃窗。我很快就認得小鳥撞上窗戶時發出的特殊聲響，我也明白，只要小鳥和建築相撞，後者永遠是贏家。那些鳥兒就像一團團小沙袋，掉落在草地上。只要到教室外玩耍，就會在橡樹底下發現幾個煤灰色的小東西。我還記得牠們細如火柴的腳朝上指著天空。有時甚至會見到一小灘血淌流著，但小鳥只會像睡午覺似地躺著，動也不動。兩年後我離開那所學校，不曉得校方後來是否明白該為窗戶加裝窗簾，或是像其他地方那樣，在窗玻璃上貼些驅嚇鳥兒的圖案。但我記得，當時我認為小鳥只不過相信自己能飛，就得遭受如此懲罰，這實在太過殘忍。

我記得東京代代木公園的烏鴉。那年我十八歲，正跟當時的加拿大男友在公園散步。我記得烏鴉讓天空瞬間一片漆黑，記得牠們尖叫著俯衝而下，就在離我們不過幾呎外用喙嘴扯開一包垃圾。我也記得牠們寬大的羽翼揮動時發出的咻咻聲，那爪子就像卡通中巫婆的手指。我嚇到哭出來。我知道烏鴉有時會攻擊太接近鳥巢、又毫無戒心的路人。烏鴉很野蠻，會活生生啄下動物的眼珠。禿鷹至少還會等你死後才動口。

長大後，我每年夏天都會到東京，烏鴉每每令我膽戰心驚。那些是所謂的巨嘴鴉，看到牠們出現在整潔、無瑕的市中心裡，可說是既荒唐又可怕，那暗示著在乾淨的街道和發亮的門面背後，也可能潛伏著野蠻和失控的現實。

　或許外婆家外頭還有其他鳥，但我不記得了。我只記得自己常窩在屋子裡，也還記得障子的紙是如何過濾屋外的聲音——卡車擴音器的聲音賣著烤地瓜，或是宣傳著右翼思想。我還記得滂沱大雨從簷槽順著黃銅水風鈴落下的舒心聲響。雨天是寫信給去安大略北部參加夏令營的朋友的日

子；雨天也是讀書天。

在日本的漫長夏日裡，當無聊和寂寞威脅著將我生吞活剝時，我會縮進外婆家的小房間，攤開蒲團，打開電扇，然後讀書。我對書本畢生的熱愛正由此而來。

我因此得以逃離。我隨著《五小福歷險記》（Famous Five）去了英格蘭和威爾斯鄉間，跟著《天使雕像》（From the Mixed-Up Files of Mrs. Basil E. Frankweiler）中的克勞蒂雅和傑米跑到紐約。我經歷時光旅行，變幻形體，住在史前侏羅紀和未來核子時代。我住在馬奎斯《百年孤寂》裡的馬貢多，住在馮內果《貓的搖籃》（Cat's Cradle）中的聖羅倫索共和國；我過著草原女孩和法國偵探的生活；我活在狄更斯的窮途潦倒與偉大王朝的富裕奢華之中。

書是我最可靠的夥伴。看完家中所有的書之後，我會到新宿市區買些日本作家的小說譯本，夏目漱石、谷崎潤一郎、大江健三郎。這些書攤在榻榻米上圍成一個小窩，環繞著我，就在阿姨的佛壇旁邊，而點燃的檀木線香正飄送著一縷輕煙。

書是我的生命與麻醉劑。「書是活生生的，而且它們會向我說話。」亨利·米勒（Henry Miller）如此描述：「兒時的閱讀帶有容易被我們遺忘的

重要元素——那就是某個場景的實際氛圍。這點相當明顯，多年後，一個人仍能清楚記得最愛的書帶給他的感受、印刷字體、裝訂、插圖等等。要具體說出第一次閱讀的時間、地點何其容易啊。有些書關乎自己的病痛，有些關乎壞天氣，有些關乎懲罰，有些則關乎獎勵⋯⋯這樣的閱讀，無疑是人生中的一樁樁『事件』。」

我小時候是個書痴，長大後還是書痴。書為我帶來快樂，也讓我得以隔離自己，讓我在受俗世煩擾或驚嚇時，能轉身避開這世界。書讓我避開他人對我的要求、避開日常、避開家人和眼前的世界。它們在深夜給我撫慰和消遣，在我遠離家鄉時當我的友伴。

蘇珊・桑塔格 (Susan Sontag) 在某本手記中提到，就算面對末期癌症，她也無法停止閱讀。她寫道：「我無法停止讀書⋯⋯我正吸著一千支吸管。」我了解那種對文字深不見底的飢渴感，在危險時期更是如此。讀著桑塔格的文字，我想起一張著名的照片，照片上是一九四〇年倫敦遭空襲過後已然成為廢墟的某間書店。空襲警報解除後，幾個男人正神色自若地瀏覽著書架——這展現出英國人的剛毅不撓，又或許是對書的癡迷，這象徵一股傻勁，抑或壓抑不了的希望。

書本讓我珍藏了不少快樂，但我若是坦白面對自己，會知道書也從我身邊拿走了什麼。我從小說段落間窺探真實的世界；但當我應該腳踏實地時，卻又不斷追尋文字。

從那段日本時光之後，每當我翻開書頁，仍會想起榻榻米的草香。我也無法挺著身子，姿態端正地讀書。為了完全沉浸在書中世界，我一定是橫臥著。把自己用毯子像木乃伊那樣層層裹住，讀起來的效果最好。

書本有時為我帶來庇護，有時又讓我作繭自縛。

雖然我讀過大量書籍，但在多數情況下，我還是覺得自己能力不足——這正是因為閱讀的替代性。書本帶我認識世界的信仰、古老文明、政治運作、近代戰爭造成的創傷、法學理論、藝術史，以及無意識的理論。它讓我增廣了見聞、加深了同理心，但我仍然不知道哪種漿果有毒、如何預測天氣、怎麼替傷口止血，或是如何不用火柴生火。

也許我讀得太過狹隘，但我周遭還是有不少

書痴懂得實際操作,知道在真實世界裡該怎麼辦。賽門會烤麵包,傑森會蓋房子,弘美知道如何在森林裡覓食,裘德懂得做濕敷草藥,蘇珊會利用樹皮製作繩索,莎夏懂得引產。這些知識當中也許有些得自於書本,但我懷疑他們大多是透過實地觀察和漫長對話,經歷試驗與犯錯、思索與沉澱,一點一滴累積而成。

　　無知有時讓我感到孤單,我很好奇其他人知道的都是些什麼。我在社區散步時,看見套著伐木老夾克、模樣宛如樵夫的蓄鬍男子,也看到穿著牧場風格的連身裙,貌似農場主人的苗條女子。他們看來就像正要把樹幹丟入溪裡,好讓木材順水漂往下游,或是正準備到一片遼闊草原上採花。他們好像都知道溪流、毛茛、蒼鷺、梣樹、甜菜根、驢鳴、彎頭、醋栗、渡鴉、柔荑這些字詞的意思。

《牛津兒童字典》在二〇〇七年刪除了字典當中一些關於大自然的詞彙,包括三十種動植物名稱,例如 acorn(橡實)、blackberry(黑莓)、minnow(鯵魚)。這些詞彙被最新的用語取代,像是 analogue

（電腦模擬）、broadband（寬頻）和 cut-and-paste（剪下 - 貼上）。二〇一五年，有一群來自世界各地的作家發表公開請願書，要求牛津大學出版社恢復收錄這些詞彙。

我們的請願基於兩大顧慮。第一，我們相信，大自然在人類歷史之初就與文化緊繫相連，而這個連結如今正遭逢有史以來首度的破壞，對社會、文化和自然環境造成傷害。

第二，兒童的童年正經歷重大改變，而當中有些是負面的變化。兒童與自然的連結正快速崩解，這正是嚴重的問題⋯⋯

我們明白引薦新字的必要，也理解為這些名詞保留位置有其需要，無意細究增訂的詞彙。相較於遭移除的詞彙，許多新增詞彙令人擔憂，那些都與現代兒童足不出戶、離群索居脫不了關係。

音樂家也懂點東西，這點我很早就發現了。即使

當他有些藝術家的古怪行為，我也知道，同時也是房東的他懂得如何修理冰箱，以及基本的水電活兒。他身為賞鳥人，顯然也不是個半吊子。他知道確切的觀鳥時間和地點，也知道鳥的品種，還知道鳥兒前來的時間及原因。

這倒也不是說他會四處張揚自己懂很多。這個人很有意思，也很有故事，幽默風趣又熱心助人，但以一名嚮導來說，他引導的其實並不多。他送我當生日禮物的那本彼得森的賞鳥書，是他第一個明確傳授我賞鳥知識的舉動。

對我來說，這沒什麼不好，至少在我跟著他學習賞鳥的頭幾個月，雖然懂得少，我還是很開心。我不刻意去查找資料，想遠離被書束縛的生活。我喜歡想像自己正享受著一種純淨、未經過濾的體驗。我就像一塊空白的石板，而天空與樹木則是我的學校。

這些都很浪漫，卻也不真實。事實上，我也知道一點東西。每當我出門散步時，我的鳥類知識都與我同在。這些知識是由這些東西組成的：流行歌、詩詞、神話、俗麗的風景明信片、IMAX電影、華納兄弟卡通、家樂氏麥片廣告、歐洲大師名畫，還有手工藝品。我浸泡在通俗流行的大生態當中，從披頭四學到關於烏鶇的知識，從卡

通人物崔弟學到飛行力學，而我學習鳥類知識的歷程，不會只因為我希望將其抹煞而就此消失。

　　跟隨音樂家學習觀鳥的頭幾個月是一種蛻變。我越是接觸鳥類的真實面貌，先前對「鳥」的二手印象就越是崩解。當我們坐在雲霧繚繞及無形時光之中，當我不再看見我所認知的樹木，我開始看到翠綠交織下的無限光影；當我細看天鵝的背，我看見牠的羽翼絲絲毫毫都是複雜精緻的純白傑作；當距離感開始崩塌，尺度感開始縮小，這些就是我的蛻變時刻。

音樂家的膝蓋受了傷。狀況發生在四月初，他的傷勢嚴重到好一陣子都無法賞鳥。為了填補這段空窗時間，我決定開始讀書。我在音樂家的網站上讀到引自沃克・埃文斯（Walker Evans）的一句話：「抱著知識死去。」突然間，不讀書似乎是件愚蠢又懶散的事情。

　　我從圖書館借了一疊書回來。這些是關於鳥類骨頭密度和飛行肌肉組織的書，還有包括聲譜圖、圖表、各種實驗室研究和解剖的書籍。我快速翻讀，然後歸還。書中的資訊太多，我答應自

己：不要出於義務而讀，而是要為了快樂。我覬覦英國文學家約翰‧傅傲斯（John Fowles）的森林知識：「單純當一名漫步森林的常客，如此就好。當個業餘愛好者而非行家；走入一片雜亂的碧綠，而不是一張印刷精準的地圖。」

普洛特克的《鳥類學手冊：鳥類結構與功能》（Noble S. Protector, *Manual of Ornithology: Avian Structure and Function by Noble*）；吉爾的《鳥類學》（Frank B. Gill, *Ornithology*）；凡‧葛洛的《無羽鳥》（Katrina van Grouw, *The Unfeathered Bird*）；凱薩的《鳥的內在：鳥類解剖與演化》（Gary W. Kaiser, *The Inner Bird: Anatomy and Evolution*）。

我借了更多書回來。這些書的年代更久遠，作者都是些業餘鳥類學家及週末才客串一下當個自然學家的人。我開始理解，何以有那麼多人對自然書寫保持謹慎態度。因為書裡淨是充滿浪漫情懷的漫步，令人目瞪口呆的侃侃而談；講的全是壯麗的山巒、細緻的花朵、閃耀的日落時分。對我們這個諷刺的時代而言，他們流露的情感、熱情和愛實在太過、太滿了。就連我那些熱愛大自然、身為環保人士的朋友們也都對這些書敬而遠之。

蒙佛特的《荒野肖像》（Guy Mountfort , *Portrait of a Wilderness*）；密林頓的《觀鳥人日記：李察‧密林

頓的賞鳥年》（Richard Millington , *A Twitcher's Diary: The Bird Watching Year of Richard Millington*）。

我又借了更多書。儘管希望讓思想保持開放，我卻在和自己的偏見對抗。我從書封判斷一本書；我用作者黯淡或出眾的外貌，以及他是否曾經歷過荒原上的風霜來評斷他們；我用書中肉麻過頭或枯燥乏味的開頭幾頁斷定書的價值。我讓自己放牛吃草，東挑西揀。

芭芭拉及李察‧米恩斯的《鳥類收藏家》（Barbara Mearns, Richard Mearns, *The Bird Collectors*）；美代子楚的《鳥語之旅》（Miyoko Chu, *Songbird Journeys*）；威登索的《以風為家》（Scott Weidensaul, *Living on the Wind*）；考夫曼的《霸鶲之路》（Kenn Kaufman, *Kingbird Highway*）；羅德斯的《約翰‧詹姆斯‧奧杜邦》（Richard Rhodes, *John James Audubon: The Making of an American*）；特布爾的《鳥兒都去哪裡？》（John Terborgh, *Where Have All the Birds Gone?*）；寇克和梅比的《英國鳥類》（Mark Cocker, Richard Mabey, *Birds Britannica*）；史內辛格的《跟上帝借時觀鳥》（*Birding on Borrowed Time*）；巴恩斯的《如何成為失職的賞鳥人》（Simon Barnes, *How to Be a Bad Birdwatcher*）；切斯特的《雀的天命：賞鳥人生學到的一課》（Chris Chester, *Providence of a Sparrow: Lessons from a Life Gone to the Birds*）；赫李歐的《草地，天空，歌曲：草原鳥類世界的承諾與冒險》（Trevor

Herriot, *Grass, Sky, Song: Promise and Peril in the World of Grassland Birds*）；梅比的《大自然療癒法》（*Nature Cure*）；迪伊的《流動的天空》（Tim Dee, *The Running Sky*）；查林杰的《絕種：我們是怎麼與大自然疏遠》（Melanie Challenger, *On Extinction: How We Became Estranged from Nature*）。

　　我找來一些重要的北美野地指南。這類書籍紙頁平滑，用詞直截了當，沒有亂七八糟的格子。我喜愛這種書不凡的重要性及簡要的明確感。

　　席伯里的《席伯里的鳥類指南》（David Allen Sibley, *The Sibley Guide to Birds*）；穆拉尼等人合著的《柯林斯鳥類指南》（Killian Mullarney et al., *Collins Bird Guide*）；彼得森的《賞鳥田野指南》。

　　這些談及鳥類的書往往分成兩大類：科學家／求知者眼中的鳥，以及詩人／漫遊者眼中的鳥。教我心醉神迷的往往是後者，但因為這類作品往往帶有個人色彩，於是就有了主觀認定的問題：是誰在漫遊？是誰獨自不受拘束地勇往直前？莫非是凱瑟琳・潔米（Kathleen Jamie）在《倫敦書報評論》中大大嘲弄的那種「狂熱的孤獨男性」嗎？（「那個爬過高山的人是誰？一個白人，一個中產階級的英國人！……他來自劍橋！……瞧他運用文明的抒情字句，平息了嚴酷但迷人、有時難以征服的土地。」）雖然我們身處在以自覺與世界主義虛飾掩蓋的二十一世紀，會走

上心靈追尋之路的，卻往往還是這類老紳士。

貝克的《遊隼錄》（J. A. Baker, *The Peregrine*）；懷特的《賽爾朋自然史與民族紀事》（Gilbert White, *The Natural History and Antiquities of Selborne*）；麥克法蘭的《古道：雙腳之旅》（Robert Macfarlane, *The Old Ways: A Journey on Foot*）。

不同書籍，語調各異。有些充斥著老掉牙笑話的輕鬆對白；有的沉穩嚴肅，被同樣沉穩嚴肅的雜誌大肆吹捧。我喜歡的是簡短而溫馨的類型，這種作品通常是建構在個人的故事上，而非大多數人早就弄不清的農村傳統。我喜歡的書往往會強調那種細微的野性——就在一些不怎麼原始、但卻是多數人實際生活的地方。「在洗衣服和接小孩放學之間，鳥兒就這麼飛入我的生活，」潔米在《發現》（*Findings*）一書裡如此寫道。寫出這類書的多半是女性，對她們而言，目光焦點必然是在自身周圍與居家環境上，而非遙不可及的壯闊之地。

阿蘭達蒂・羅伊的《偉大的無私》（Arundhati Roy, *The Greater Common Good*）；珍妮佛・普萊斯的《飛行地圖：現代美洲的大自然冒險》（Jennifer Price, *Flight Maps: Adventures with Nature in Modern America*）；奧莉維亞・萊恩的《沿河行》（Olivia Laing, *To the River*）；埃絲特・沃爾夫森的《烏鴉：與鳥兒生活》（Esther Woolfson, *Corvus:*

A Life with Birds)。

從都市生活的縫隙孔洞中，滋長出對於大自然的關注，我想這不無道理。倒不是說我們應該將人類造成的禍害和後果浪漫化，只不過我們到最後僅有的，就是人類造化過後的自然。

我開始欣賞直截了當帶著科學精神的作品，而非虔敬的靈性之書。詩詞雖能抓住鳥兒難以捉摸的天性，但讓我們能以優雅和精準看待牠們的，卻是科學。最棒的書既能捕捉詩歌的不知，也能表達科學的知，在兩者之間平衡得剛剛好。

柏克海德的《鳥的智慧》（Tim Birkhead, *The Wisdom of Birds*）；喬恩‧楊的《旅鶇知道些什麼》（*What the Robin Knows*）。

我喜歡學習特定的知識。比方說，我從司塔奇貝里的《鳥類偵探》（Bridget Stutchbury, *The Bird Detective*）中學到，世界各地的鳥兒都調整過自己的歌唱行為。生存在都市中的鳥類改變了歌聲，「好讓音符不會被背景噪音蓋過」，牠們依照「機會主義的方式」調整曲調，好讓歌聲凌駕於嘈雜的都市生活。要是你所處的環境鬧哄哄的，適應方

法之一就是唱得更大聲。

我從珍提爾的《生命清單》（Olivia Gentile, *Life List*）學到所謂的「spark birds—發光鳥」這個概念。發光鳥可能像老鷹般勇猛，如鶯般色彩絢麗，或跟麻雀一樣平凡，只要這隻鳥能喚醒一個人，讓他變成認真的賞鳥者，那麼牠就是一隻發光鳥。關於賞鳥的回憶錄，大多數都是從一隻發光鳥開始講起。

發光鳥

東菲比霸鶲——奧杜邦

兒時住在賓州的奧杜邦，曾在幾隻幼鳥腳上綁上銀線，想知道牠們是否每年都會回到同一個窩巢。隔年春天，有兩隻帶著「腳上的小環」回來了。這因而開創了北美的鳥類繫放作法。

撲動鴷——彼得森

那時牠躺在地上。「我戳了牠一下，牠瞬間化為繽紛色彩，後腦勺為紅色，羽翼呈金色。你瞧，這就是死亡與生命力的對比，就像死而復生。我開始相信，鳥類是生命最生動的反映，讓我察覺

我們所處的世界。」

橙胸林鶯——史內辛格

在密蘇里的森林裡，她遇見這種喉部帶有烈焰般橘色的鳴鳥，「美得讓人驚艷不已。簡簡單單，就這麼讓我永遠離不開鳥。」

黑紋胸林鶯——席伯里

「我父親是鳥類學家，他捉到這種黑、灰、黃白相間的奇異鳥兒，長著羽毛的小小寶貝……然後為牠綁上腳環，帶到外頭野放。牠就這麼飛入森林，不見蹤影。」

撲動鴷——法蘭岑 (Jonathan Franzen)

「母親剛過世時，我花了很多時間觀察那隻喜歡在我哥哥西雅圖住處附近逗留的撲動鴷。客觀來說，這種鳥很美，也很有個性。這是我第一次靈光閃現，明白了為何有人肯花時間什麼事都不做，就只是靜靜看著一隻鳥。」

黑白苔鶯——莎菲爾

祖父的車子在紐約城外拋錨時，當年六歲的她瞥見一隻鳥。「我知道是哪種鳥，因為我祖母有幅

奧杜邦古畫的仿作。你只在書中見過這些東西，沒想過牠們確實存在。」

於是我開始思考「發光書」。我突然發現，閱讀愛好者大多都能說出是哪本書點燃了他們對於閱讀的熱情。為了證實，我問了幾個朋友。無一例外，每個人都講出了一個兒時讀過的故事。

發光書

《世界冠軍丹尼》

　　(*Danny, the Champion of the World*) ——那位音樂家

《愛麗絲夢遊仙境》

　　(*Alice in Wonderland*) ——麥克

《溫普的世界》

　　(*The Wump World*) ——弘美

《一隻向後開槍的獅子》

　　(*Lafcadio: The Lion Who Shot Back*) ——泰倫司

《超級偵探海莉》

　　(*Harriet the Spy*) ——吉姆和凱西

《尋找活化石》

　　(*Search for a Living Fossil*) ——大衛

《瓦特希普高原》

　　(*Watership Down*) ——凱莉

《閣樓上的光》

（*A Light in the Attic*）──茱莉

《祕密花園》

（*The Secret Garden*）──瑪莎

《巴索洛謬與歐布勒克》

（*Bartholomew and the Oobleck*）──史蒂芬

《納尼亞傳奇：獅子、女巫、魔衣櫃》

（*The Lion, the Witch and the Wardrobe*）──阿信

兒童文學利用文字與圖畫細膩呈現的故事，那光亮點既獨特又帶有決定性。這些書都有種璀璨的特質，安・卡森在《非創作》（*Decreation*）中如此形容這種特質：「當我想到童年所讀的書時，它們強烈地擠縮、被不安的黑暗框住，投射在我的心靈之眼。但它們同時又以幾近超自然的生命力閃爍著光芒。沒有一本成人書能有如此效果。」

就在音樂家仍在復原、而我仍瘋狂酗書的同時，戶外的空氣中滿是候鳥的啼鳴歌聲。我每天都抱著那本彼得森的《賞鳥田野指南》和望遠鏡，試著比對周遭活生生的鳥兒和我腿上的書中鳥。某

天，我寫了封 Email 給音樂家分享我的所見。

我寫道：「從牠短小的紅灰色身軀來看，我判斷應是種交嘴雀。」

他回我：「肯定不是交嘴雀。這時節不對，有可能是美洲家朱雀（最近有很多這種鳥出沒），也有可能是紫紅朱雀（但我深感懷疑）。」

結果是隻美洲家朱雀。我一時的愚蠢和羞愧感都被這隻鳥的魅力消弭了。我久久地盯著牠，愛上了牠玫瑰紅色的頭頂和胸口，以及鳥群的啾啾啼鳴。我感受到內心因鳥而起的悸動，那就像是葡萄酒帶來的悸動、電梯上升時胸口的震顫，以及發現自己並沒有偏好書本而放棄現實的悸動。我好奇，這隻家朱雀會不會就是我的發光鳥。

大約在同一時間，我完成了一本關於海洋的童書。那故事講述一個孩子與大自然當中一處神奇所在的相遇與牽繫。這靈感來自一趟前往英屬哥倫比亞的家族旅遊。我們跟朋友待在一棟坐落於陽光海岸的美麗木屋，望著古老而柔美的海岸線，在那更遠處有一座小小島。有天，我們坐在岩石上，看見一群海豚正飛躍海灣，如夢似幻，我的小兒

子說他想永遠住在這「大平洋」的岸邊。這個可愛的用字錯誤讓我不禁思考「地方」，也就是我們尋得個人平靜與歸屬的某片綠洲。我不停思索有個歸屬的地方會是什麼感覺，一如梭羅找到他的華爾騰湖畔，薇拉·凱瑟（Willa Cather）擁有她的內布拉斯加州，安妮·迪拉德有她的汀克溪（Tinker Creek），或者瑞秋·卡森（Rachel Carson）和她的銀泉市（Silver Spring）。我向來忠於移居和漂泊，這是居無定所、四處為家的人出於需要而發展出的迅速搬遷與適應能力。我朋友大多是離鄉背井、分散各地的混血遊子，但看到小兒子對這片海洋如此強烈的反應，我不禁好奇，我們是不是錯過了什麼。

我開始好奇，我們錯過的事情當中，會不會有一項就是能去思念或盼望的機會，以及擁有因為熟諳某個地方，而「激勵你為某處而戰」的那種情感的機會。我們將大自然視為可有可無——它總是遠在他方，或存在於過往，因此否定或逃避了應當關懷大自然的努力。

最後我完成的《大平洋》（The Specific Ocean）一書，講的就是滋養我們的那些地方。它談到深刻情感羈絆的喜悅與哀嘆。哀嘆，因為當你愛上某個地方，你就會在那裡受創，或在你離去時陷入一股

139

奇特的哀傷。

某個好友深深落進某本談及氣候變遷的書中漩渦。她隨後寫道，她去聽了「偉大的田野詩人溫道爾·貝瑞（Wendell Berry）的演講，主題是為何人人都有義務去愛自己的『家園』」。演講結束後，她上前尋求指導。「我問他，是否能給我或我朋友這類漂泊無根、活在電腦世界、似乎總在買新家的人任何建議。」他回答：「那就找個地方下錨停泊，走上認識那個所在的千年途程。」

音樂家仍在復原，於是我決定帶兩個兒子去賞鳥。四月的第三週，我備妥一些零食，三人就前往多倫多東岸的白橋灣公園。天氣雖然冷，卻有明媚陽光。我們才一抵達，小兒子就開始抱怨，他覺得太冷、太餓、太癢了，而且他的望遠鏡看出去太模糊了。離開停車場不到五分鐘，他就嗑光了所有零食。這公園裡沒什麼看頭，我指向一隻紅翅黑鸝，我們觀察到幾隻旅鶇匆匆飛過、停下，

復又匆匆掠過草地。我下定決心要找到其他鳥，卻一隻都沒找著。

小兒子最後拉著大家往湖灣的方向走去，他瞥見那裡有一些小型潛鴨在水面上漂著。總共有三對。我們坐著，看牠們一起潛水、消失，而後再度浮現在黏糊糊的綠色水面上。

一個鐘頭過去，我發現讓小兒子覺得無聊煩躁的不是鳥，而是我引導他賞鳥的態度。

我發現孩子們根本不需要嚮導或是領袖。他們只需要我帶領他們，前往美麗鳥兒的棲地，揮著手臂說：「我想那邊應該有鳥哦。」

音樂家的醫生說他可以起來走走路了。輕微的活動有助膝蓋復原，於是我們計畫開四十五分鐘的車程，前往城外一處沼澤地。那時正是小黑頭鷗的繁殖期——牠白皙、纖細的身軀，和黑玉般的頭部一定很引人注目。

但這計畫沒有按著腳本進行。才剛出發十分鐘車子就出了狀況，我們只好蛇行開向高速公路路肩，沿路引擎蓋還飄出陣陣濃煙。修車師傅的說法是油槽太滿、漏油，還有最嚴重的是球型接

頭壞了。後者恐怕就是害我們在路上左搖右晃的元凶。而輪胎沒脫落、引擎沒爆炸算我們運氣好，沒死已是萬幸。

我餘悸猶存，於是音樂家提議去散步壓壓驚，反正還有一整個下午，也還有鳥可看。散步讓我們心情平復許多。我們走進餐館吃了午餐，接著又散步到海柏公園繞了幾圈，在那裡見到絢麗的美洲木鴨、形狀如雪茄的煙囪刺尾雨燕、一隻翠鳥、一隻大白鷺、一隻夜鷺，以及一隻落單的公赤膀鴨。牠的姿勢維持不動許久，足以讓我定睛觀察牠羽毛上層層交疊的精巧人字形紋路。

　　我帶著一種新的敬佩之意看著音樂家。現在我知道了，一個人即使不善於處理日常當中細碎的壓力，卻有可能懂得如何面對龐大的壓力。我很高興自己跟這樣的人散步，一個很像我父親的人。如果半路上突然冒出什麼危機，我知道他會以不可多得的果決行動。

　　天空開始飄雨。我們蹲伏在草地上，他教我分辨雄的歌帶鵐（紅棕色條紋胸口，中央有黑點）、家麻雀（體型更圓潤、有著黑色圍兜、灰頭）和白喉帶鵐（條

紋頭冠、黃眉）。我了解到，下雨時鳥兒會找地方降落；我也了解到，下雨時，當你意識到自己還活著，雨水就會從讓人感覺淒涼，變成清新暢快。

我們道別後，音樂家仍留在公園裡，他遇到三隻褐斑翅雀鵐，這是體型最小的雀。後來他寫信告訴我：「牠們好甜美，**蹦蹦跳跳的**，讓我想更靠近一點，我想讓牠們覺得安心，於是我說『今天還真夠糟的。人一輩子只能活一次，你的膝蓋也挺得住』，於是我就在濕答答的地上躺下。想當然，那些小可愛們也開心地靠近我，真的很開心。」

那天夜裡，我躺在床上熬夜讀書，爬回我的書堆裡，仍感覺到散步沒能甩盡的餘悸。閱讀很撫慰人心，也具淨化作用。我跟我的閱讀習慣握手言好。生存的真實之道存在於多重的領域當中，而那領域既真實，也神祕。

書本世界和真實世界並非對立，知識也不是熱情的相反。好知識不會扼殺無知的熱情花火，好書也不是快樂的盡頭。你學會以與日俱增的信心和熟練感所講出的科學詞彙，或是只屬於你自

己的字詞，這些可能就是熱情的渠道。所有知識的邊際都有一片荒野。

　　抱著知識死去。抱著「知識無法完整、止盡」的知識死去。

五月
挫折

美洲家朱雀、
一隻黑紋胸林鶯、
黑腹濱鷸、
和中杓鷸

鳥與人的脆弱，
尤其在人生所踏的土地並不穩固之際。

五月時，我發現

小兒子在吃書。他會舔書封，一片片撕下來啃。有天晚上，他向我抱怨噁心想吐，隨後吐出一片藍紙，那是《Peanuts 漫畫全集：1963-1964》的其中一頁，我這才發現他的新習慣。我定下不可吃書的規定後，他立刻乖乖把吃書改成讀書。

他的吃書行為要是毫無緣由，我可能會更緊張，但八歲的小兒子是個焦躁的男孩——他習慣吸吮大拇指、偶爾會失眠、常常鬧肚子，緊張程度更甚平均值。有時他會藉畫漫畫或跳舞大肆抒發這股能量，有時則以奇怪的方式宣洩。

我對某段時期印象特別深刻，他覺得自己在學校有新的同儕壓力，回到家後，他就像是被狂風刮過般地在屋裡甩動身體，他說他最後終於——受夠了。

面對這個階段，我盡可能不將事態嚴重化或往心裡放，但我還是覺得這多少是基因使然。我自己也是焦慮的人，很容易被驚嚇、憂慮左右情緒。我來自一個焦慮的家族，大家會咬指甲、磨牙、撕紙……我懷疑我的列祖列宗可能有人曾在茅草屋頂的小木屋和農舍裡吃書。

我理解兒子需要找到出口，好釋放他上了小學後逐漸增重的挫折感。我已學會讓自己在他情緒如同鬆脫的收音機調頻指針亂跳時，盡可能地

深呼吸。歡樂、激怒、暴躁、敏感、固執、戲劇化。我暱稱他是「小氣象台」，暗示他時晴時雨的脾氣對我心境造成影響。

五月，第一個微溫的春日姍姍來遲，我跟小兒子一起坐在前院的長椅上，觀看美洲家朱雀。這兒平時靜謐的街道頓時出現不少行人，氣氛蓬勃活絡——臂膀掛著布袋的女子正講著手機，推著嬰兒車的行人正打量著一張廢棄床墊，有對情侶檔抱著路邊二手攤販賣的破書和老唱盤。

美洲家朱雀高高歇停在我們家的櫻桃樹梢，點綴著枝椏，唱著悠長啁啾的曲調。我們和孩子正討論著他對新腳踏車的猶豫，尤其是他害怕騎車摔倒這件事。我告訴他，我明白他的煩惱，但看他畏懼一件能為他帶來快樂的東西，卻讓我心裡難受。

我們坐著，美洲家朱雀紛紛開始朝下飛，輕盈地從一根樹枝跳到下一根，直到最後全聚集到掛在我們面前幾吋外的餵鳥器。牠們拋開警覺，牠們微微的心跳、飢餓感和興奮的緊張激動，這些我幾乎觸手可及。兒子看得著迷，屁股往前移了幾吋，想更接近鳥兒。

那時，我還沒讀到朱利安‧巴恩斯 (Julian Barnes) 的《人生樓》(*Levels of Life*)，但我之後在十月會讀到，於是想到我兒子對摔跤的恐懼。

> 我們生活在平地，在水平面上──我們卻也因此抱懷嚮往。身為棲息在地面的動物，我們有時也會攀到與神同高的位置。有的人透過藝術翱翔天際，有的人憑藉信仰，但大多數人則是藉著愛。然而，我們在高飛之際卻也有墜落的可能。地上沒有柔軟的降落墊……每一則愛的故事，潛質裡都是淒絕的故事。

讀到這裡，我心想，這就是了，這就是我們問題的癥結所在。我在巴恩斯對於人生無可避免的起起落落的優美沉思當中，在實際與情感上讓我們飛起的事物（熱氣球、愛情），以及讓人摔落的事物（摯愛的死去）之中，發現了兒子那關乎存在的煎熬凝粹出的精髓。「每一則愛的故事，潛質裡都是淒絕的故事」。

所有努力都可能通往苦難。世事萬物有起必有落，有始必有終。而我兒子（也可以說是我自己）在這世上的猶豫感，正是摻溶著悲觀性格與混雜

著缺失的先見之明。

兒子點出了跨上腳踏車後可能發生的事，他試圖不讓自己承受摔倒的疼痛和丟臉，即使得犧牲樂趣也無妨。但話說回來，他最近光是站在平地（「在平地，在水平面」），就沒來由地跌倒過兩次，這逼得他思考，人是否真有可能掌握住情勢。

巴恩斯說：「如果站在平地也無法讓你免於苦痛，或許高飛雲端還更好。」

意外和險勢若是依舊會讓人猝不及防，那麼小心謹慎又有何用？人生若是本來就沒有真正安全的路可走呢？要是毫不行動的痛楚還比實際行動帶來的苦痛更劇烈呢？

這是腳踏車與人生的兩難。

五月，我的小兒子正在為自己鋪路，決定要當個什麼樣的男孩。

那年春天，社區裡隨處可見大膽行徑：放手騎車的單車族、在附近的荒地玩瘋了的孩子。有個男孩助跑後在空中翻了個筋斗，我丈夫看到不禁皺眉轉過頭。從事足球和拳擊這類運動，輕微流汗或絆倒都是料想得到的，甚至可說是好事；但有些運動的目標是在表現完美。我丈夫無法忍受後者，他不喜歡看奧運賽事，一點兒也不喜歡。光

是看見跳馬前的體操選手、站在十公尺跳台上的跳水選手，或正準備做三周半跳的花式溜冰選手，都足以讓他起身離開。

「妳怎麼看得下去？」他問。

看見別人受失望或潛在的傷害所苦，他會心痛。他無法承受眾人眼睜睜等著看到錯誤發生。出於相似的原因，看到或聽到歌劇歌手的失誤，也令他坐立難安。歌劇是一門講究精準的藝術，歌者聲音必須完美無瑕、無懈可擊。雖然他很喜歡瑪麗亞‧卡拉絲（Maria Callas），但他仍然難以面對她偶爾不穩、似乎就快失控的危險狀態。

錄像藝術家維奧拉（Bill Viola）曾說，「墜落」或出錯，是藝術創作的理想境界。概念藝術家巴爾代薩里（John Baldessari）則說「失敗乃藝術之母」。在失敗風險中奮力一搏，讓有些藝術家引以為傲。作家貝克特說：「試過了，失敗了，都無所謂，再試一遍，再失敗一遍，下次再失敗得更好。」荷蘭概念藝術家楊‧亞德（Bas Jan Ader）說：「一切都在墜落。」

亞德本身是個「墜落」的大師。他拍攝自己從自家屋頂墜下、掉進渠道、或從樹上摔下的影片。他捕捉到了許多失敗的瞬間——失去平衡、無能為力、受制於地心引力，以及白費力氣的錯

誤判斷。在一個特別尖刻的作品中,他先在松林前拍下自己,而後臉朝下倒落,像是被砍伐落地,周圍還有幾棵遭砍倒的樹。

五月,我在某個夜裡尋思「墜落」,剛好在YouTube 上看見德國舞蹈家碧娜·鮑許滑稽卻哀愁的舞蹈片段「一九八〇年:碧娜·鮑許作品」。表演開始沒多久,有個女人在舞台上轉著大圈跳躍,手裡揮著白手帕。「我好——累,我好——累。」背景傳來輕快的布拉姆斯《搖籃曲》,女子也跟著有節奏地反覆說著。她不停旋轉,直到最後終於疲憊不堪,反覆的聲音開始結巴、斷續,腳步踉蹌,而賣力高舉半空、揮著手帕的手臂也隨之顫抖。

這部舞作是鮑許在長期伴侶、同時也是最親密的合作對象舞台服裝設計師博季克 (Rolf Borzik) 死於血癌不久後所作。

有時我們跌跤,不是因為腳下所踏的地面不平,而是因為我們不斷移動,不斷嘗試、不斷重演相同動作,一遍又一遍,最後精疲力盡。

這一刻也許強壯,下一刻卻變得脆弱。我們會跌跤是因為活著,如果幸運,就會復原。

有次,我親眼目睹一場風暴,風雨猛烈

到兩棵百年老樹因而被連根拔起。翌日，我在斷枝殘葉裡走著，竟發現一些脆弱的鳥巢完好如初，毫髮無傷地落在地上。它們輕如鴻毛，卻能挺過劇烈天災。這般命運的翻轉原來就出現在你我身邊——我久久無法忘懷。我不明白這究竟代表了什麼。

——瑪麗·魯弗《瘋狂、煎熬與甜蜜：演講集》（Mary Ruefle, *Madness, Rack, and Honey: Collected Lectures*）

五月，一群群候鳥過境這個城市的大樓深谷、公園和後院。某天的早餐過後，兒子和我在我們的紫丁香樹上瞧見一隻小巧玲瓏的黑紋胸林鶯。我們倆靠在陽台門邊，凝望著那隻黃色胸口帶著黑色斑紋的小鳥。我能想像牠的體重還不及一枝 Sharpie 麥克筆。

那隻鳥可能來自中美洲，在飛往北加拿大繁殖地的途中先在多倫多暫歇，補充能量。牠可能連續飛了六十個鐘頭，我想像牠拍振著短小的翅膀，吱吱喳喳叫著：「我好——累，我好——累」，而其他將在春季遷徙時飛越多倫多的五千萬隻鳴禽，也齊聲喊道：「我好——累，我好——累。」

我們能從各式各樣的鳥兒身上學到東西，牠們也許來自遙遠的阿根廷彭巴草原和亞馬遜叢林，從逐漸消逝的南方森林家園飛往同樣瀕臨危機的北方森林。我想知道，如何才能像候鳥那樣勇敢無懼，又該如何維持那長年不衰的堅毅。

夜復一夜，一道看不見的鳴禽奔流穿越黑暗。這些鳥兒有時近在咫尺，我們能從敞開的窗子聽見牠們的呼喊。

與黑紋胸林鶯相遇的幾天後，我陪父親在夜裡去照核磁共振，檢查他的腦動脈瘤狀況。這是他從上次逃院後首度回診。我答應他只待一下子就好。他仍舊喪失平衡感，輕微的遲疑也影響了他的行動，不過已經比較平穩了。我坐在寂靜的等候室裡，等待為時一個鐘頭的檢查程序結束。牆上的大型電視正播著新聞，首位指揮國際太空站的加拿大人哈德菲爾德（Chris Hadfield）在太空航行將近五個月後剛剛回到地球。太空船著陸前用了三頂降落傘來減速，最後輕輕落在哈薩克中南部的平坦草原。

我聽見有人喊我的名字，於是抬頭張望，看見八十四歲的父親正向我走來，猶如走在一塊傾斜

的甲板上。核磁共振檢查已經完成，父親的臉色蒼白，他說他左膝蓋有股刺痛感。我從他的眼神看出狀況很糟，隨即帶他下兩層樓去掛急診，「反正我們人都在這兒了」，我故作鎮定地說。

急診護士幫我們檢傷分類。白髮蒼蒼、削瘦、鼻梁高挺的父親正坐在另一部電視前的躺椅上。而銀幕中髮線後退，蓄著招牌八字鬍的哈德菲爾德也坐在躺椅上。他正在接受初步體檢，重新適應地球的重力。當電視裡的醫生捲起哈德菲爾德的袖口，我看見醫生也正捲起我父親的袖口，

父親的反射神經表現很差，但腳的脈搏很強。疼痛逐漸消退，他不再因為疼痛而臉色鐵青。醫生安撫我們說這狀況會好轉。

「那頭暈怎麼辦？」我問。

「這也許會隨時間好轉。」醫生回答時目光望向別處。我父親認為，此舉表示他的復原速度會極度緩慢——醫生所言不過是無力的承諾。

我扶著父親，感受到他何其嚴重地虛弱。我感受到他孱弱的肉體，感受到他虛弱的獨立感和尊嚴。隨著失去穩定工作而來的不安穩，他因而顫抖：他再也不是追趕的那方，再也回不去那快速轉動的社會。

有一個方法可知道你自己是否已跨過老年這

條線，迪斯基（Jenny Diski）寫道。那就是你會看見醫生滿懷同情地告訴你，說他該做的都做了，「『你得學習和它相處』……彷彿他無奈地聳聳肩，說你已不再年輕，而醫療資源有限，不會再盡力讓你回到健康狀態，因為還有其他病人優先排在前面，因為他們比你年輕。」

經常性暈眩？聳肩。神經痛？聳肩。長期腿麻？聳肩。該做的都做了，也沒剩什麼值得做的了。我們目送醫生離去，隨之而來的哀傷就好比你還沒看到最期待的魔術，而魔術師竟然就這麼下台一鞠躬了。我們已踏出有可能迅速回復健康或痊癒的美妙樂園。

我們得走回停車場。當我們到了路邊，還得先橫越這條路才能開車。而我父親，這個曾經走訪世界各地、爬過火山口、穿越叢林小徑、攀上高山的戰地記者，竟為了如何到達路對面而停下思考。

那天夜裡的街道安靜而祥和，我們開車經過幾個慢跑者和一些在酒吧外抽菸的大學生。我們停下車買了牛奶和麵包，在再熟悉不過的動作中找回生活的支點。我感覺父親還不希望我載他回家，所以我們坐在車上，享受相互做伴的單純解脫。

哈德菲爾德回顧他這趟太空任務時說：「有誰想過，在這遠離地球的五個月時光，竟能讓你與其他人的關係更緊密？」

我陪父親到過急診室好幾回，他在死亡邊緣至少掙扎過五次，而每次我們離開醫院時，感覺都像是再度重返人間。

坐在車上時，我回想起去年帶父親就診洽詢白內障手術的事。約診的地方在一棟年代久遠的醫療大樓，我回去接他時沒選擇搭晃動的緩慢電梯，而是一步兩階地爬上樓。結果，走樓梯比搭電梯速度整整慢了三倍，因為才在那狹窄的階梯走到一半，我就卡在一對希臘老夫妻身後。他們牽著手，互相關切，踩著閃亮的黑色 Reebok 布鞋緩緩踏著階梯。他們穿著情侶鞋，互相扶持上樓的景象觸動了我，但這還不是最感人的部分。最教我感動的，是雖然每一步都踩得十分痛苦，他們還是一路笑著上樓。他們哼了幾聲卻大笑出來，最後我也跟著笑了。我們笑著，彷彿老化是這世上最大的惡作劇。

那年五月的某天深夜，我聽見臥房外的樹林傳來一道淒厲的咕咕聲，接著是一陣激烈的翅膀拍擊

聲響。哀啼的鴿子飛走後，我試著聆聽其他鳥聲。牠們可能從上方飛過，

　　我曾在某個地方讀過，有高達百分之五十的候鳥會在遷徙途中死亡。牠們會遭遇到嚴酷氣候、掠食者或人為的障礙。牠們飛離南方時會藉地球磁場找到方向，接著卻從飛航線上被一掃而去。牠們飛越大片水域或遼闊的不毛土地，對抗強風和暴雨，最後精疲力竭地筆直墜地。遷徙必須耗費巨大能量，在由南往北的遷徙過程中，候鳥的體重可能會減少四分之一到二分之一。

　　而還努力留在遷徙路上的鳥兒，則是飛進危機重重的人類都市。牠們耗費大量精力與時間，試著在高樓聳立的迷宮裡找尋出路，最後往往沒有體力繼續旅程——被牠們誤以為是星座的閃閃燈光弄得暈頭轉向，一頭撞上窗戶和玻璃帷幕建築。

　　多倫多跟大多數城市一樣，每天拂曉之前都有志工在黑暗中清掃金融特區的地面。他們帶著紙袋和捕蝶網，拯救受傷的鳥兒免受行人悄悄逼近的踩踏危機。然而，更常見的，卻是為鳥兒收屍。

　　這些志工隸屬於簡稱為 FLAP 的「關注致命亮光計畫」（Fatal Light Awareness Program）組織。這個組織

和建物業主合作，致力減少玻璃和光線對候鳥造成的威脅。那年春天，我帶兒子參觀 FLAP 在皇家安大略博物館舉辦的年度一日展。展中有數千隻在飛過多倫多上空時遇害的鳥屍，就陳列在圓形展廳的地板上，只展出幾個小時。現場有共計九十一種的大小型鳥類，藝術性地合擺成一個哀淒又美麗的曼陀羅圖像。我想像牠們朝著玻璃飛去，一頭撞上，最後像石頭一樣墜落人行道上。

博物館內滿是正在放春假的小朋友，以及不言自明的 FLAP 展出。該組織在展場沒有提供說明文字，也不做解說。我們在展出中唯一得到的說明，來自兩位站在絨繩後方的小志工。其中一位是戴著乳膠手套、表情嚴肅的九歲男孩，他捧著一隻庫柏鷹靠近我們，讓我們小心地傳看這隻身形瘦長的鳥。這鳥兒既柔軟又冰冷，重量沉得嚇人，我這才想起來，這是一隻能吃下鴿子的鳥禽。隨後男孩離開，帶回另一隻幾乎沒重量的戴菊鳥，排列整齊的曼陀羅圖案於是出現了一個小洞。我們希望能捧捧看黑紋胸林鶯，但男孩搖搖頭：「不行，今天這樣就夠了。」

男孩輕輕將戴菊鳥放回原位，回到他的崗位。解凍的鳥屍散發出淡淡氣味。FLAP 再過一個多小時後就要撤展，屆時鳥兒屍體會集中、分類，再

放進透明塑膠標本袋。

五月時，音樂家邀我一起參加多倫多米米科（Mimico）的史密斯上校公園（Colonel Samuel Smith Park）的觀鳥活動，看的是中杓鷸。來自巴西沿海的中杓鷸有著又彎又長的鳥嘴，以及尖長的翅膀。每年五月二十二至二十九日，牠們會循著古老的本能，一路飛越西岸公園，前往北加拿大覓食、繁殖。這是賞鳥界公認最壯觀的遷徙之一。自二〇〇九年起，某個自發性的公眾科學活動便致力記錄這種在過去二十年間，數量銳減了百分之五十的大型長腳水鳥的活動與停留模式。

我們抵達時，湖邊矮丘上早已聚集十幾個來統計中杓鷸數量的人。這群從日出就坐著、等著、盼著的人當中，包括拿著長鏡頭相機的退休校長，配備高畫質單筒望遠鏡的前 Sears 百貨商品攝影師，以及一對夫妻，他們帶著價值兩千五百加幣的 Swarovski 雙筒望遠鏡。

在場人士接獲消息，共有七百五十一隻中杓鷸在前天夜裡飛離過冬的美國維吉尼亞州沿海濕地。

一群人在風勢強勁的沼澤旁簇擁著，空氣中漫著一絲貓薄荷的氣味。太陽低低地點沾在地平

線上，讓世界洋溢著鐵鏽橘色的甜美光暈，石頭也因此散發出琥珀般的光輝。風和揚塵平息之後，隨處可見飛舞的小蟲。

我們一再抬頭、抬頭、又抬頭，然後低頭看見十隻黑色長喙的黑腹濱鷸正繞過石頭。這些帶有黑色斑紋的紅棕色小鳥隨著潮線行動，牠們在波浪襲來時撤退，退去時則向前衝。在音樂家拍照的同時，我也忙著素描。不時可見黑腹濱鷸受到驚嚇，在水上旋轉飛撲。我很喜歡牠們回頭找同伴的樣子──大家隊形緊密地縮成一團，隨後全體散開四處奔逃。

突然間，背後傳來大喊：「牠們來了！」四周隨即一陣喧鬧，我們趕緊回到原本的崗位。一大群中杓鷸從我們頭頂飛過，我看見一團晃動的模糊影子，化成一片快速移動的黑雲。牠們不停拍振著尖細的翅膀，展現出真切的拚搏精神。牠們好近，近到我的視線範圍容不下全部，但我感覺到自己胸膛中的振翅大合唱聲響。

幾分鐘後，一個留著鬍子、模樣友善、名叫艾伯特的男子宣布了總數：兩百一十五隻，這是安全抵達此地的中杓鷸數量。雖然我知道飛越半個地球、平安抵達的可能性很低，但在這湛藍微光中，我還是不禁好奇另外五百三十六隻的下落。

奧杜邦學會（The National Audubon Society）列出美國從一九六七年起前二十種數量銳減最甚的常見鳥類：

一、山齒鶉

二、黃昏雀

三、針尾鴨

四、斑背潛鴨

五、北方山雀

六、東草地鷚

七、燕鷗

八、呆頭伯勞

九、原野雀鵐

十、黃胸草鵐

十一、雪鵐

十二、黑喉漠鵐

十三、鷚雀鵐

十四、美洲黑羽椋鳥

十五、美洲麻鷺

十六、棕煌蜂鳥

十七、三聲夜鷹

十八、角百靈

十九、小藍鷺

二十、披肩松雞

五月時，我聽許多賞鳥人士說，今年所見的春季過境鳥況是三十年來最糟的，數量明顯銳減。這個春天時而酷熱，時而冰寒。這是正常的氣溫起伏嗎？或只是季節不對？難道是更不祥的預兆？答案無人知曉。

有些鳥類數量減少是自然發生，無可避免，有些則否。鳥類數量的自然減少（日常的個體死亡、混亂遷徙過程中的折損）和生態受威脅而導致的毀滅性衰減，這兩者是有差別的。

森林砍伐、棲地流失、打獵、使用農藥、都市化、掠食性寵物和氣候變遷……候鳥數量減少是大自然失衡的一大指標。氣溫升高、春天提早降臨、冰川溶化、海平面上升、降雨和乾旱模式改變、熱浪加劇、極端降雨、海洋酸化。一般情況下，遷徙對鳥類來說有好處，值得冒險。但若是在異常情況中呢？

「Shifting baseline─基線轉移」一詞，描述出生態系統中緩慢得讓人幾乎無法察覺的變化。漁業生物學家保立（Daniel Pauly）在一九九五年首次使用這個詞彙，用以解釋生態標準如何降低到現今的程度，

讓人類得以容忍過去無法忍受的事物。保立的觀點是，生物族群的衰減是集體健忘的結果。我們不完整的記憶和相對短促的壽命，讓我們成為不可靠的見證者。我們無法真正掌握大自然中究竟有多少因為人類行為而出現的破壞或改變。因為對於環境認知的基準線隨著時間世代推移，已將我們蒙蔽。我們的標準不知不覺地降低，也許我們今日認知的大自然原貌，不過是那一度存在的過去的殘影。我們似乎記不得自然萬物過往的景況。

同樣的，當我跟音樂家一起站在多倫多米米科村的山丘上，仰望中杓鷸在微光天色裡的飛行隊伍，我們的後世也許永遠無法享受我所目睹的這個畫面，甚至不會知道自己曾經錯過。中杓鷸目前還不屬於美國官方認定的「關注物種」，意思是這種鳥類的數量依舊豐足，但我無法預測基準線會如何改變，也不知道未來子孫將接受什麼樣的標準。

中杓鷸可能會消失，這不是無法想像的，畢竟一百一十六年前，當另一種曾被視為強健物種的「北美旅鴿」消失在米米科的天空時，無法想像的事早已發生。

北美旅鴿直到二十世紀初都生活在龐大的遷

移群體中，卻因為遭人過度捕殺及棲地流失而滅絕。這些鳥過去在多倫多要飛越湖泊前，會先聚集在米米科的溪岸。（米米科這個名字源自密西沙加（Mississauga）的「omiimiikaa」一字，意思是「野鴿聚集地」或「野鴿豐沛之地」。）

於是，一八六〇年代有個傳說。北美旅鴿的數量極多——數以百萬計的鳥群飛過附近的濱湖尼亞加拉（Niagara-on-the-Lake）小鎮，共需要十四個鐘頭——只要隨便發射一槍，就能擊落十幾隻。然而五十年後，牠們卻不復存在。

一九〇〇年，飛越多倫多島的北美旅鴿只有五隻的目擊紀錄。世界上最後一隻北美旅鴿，一隻被捕獲、取名瑪莎的鳥，在一九一四年九月一日死於辛辛那提動物園。

消息傳出後，有人聲稱看到北美旅鴿的蹤影，矢口否認牠們絕種。這怎麼可能？數量這麼龐大的物種怎麼可能就此絕跡？牠們是怎麼從那般強健，變得如此脆弱？

任何生命逝去的故事都是悲劇，但北美旅鴿的消失，其規模在人類歷史上是空前絕後的。這則警世故事是一堂生命無常的速成課，提醒世人大自然是有其限度的。

還有什麼在一九一四年消失於這世上？

又有什麼來到了世界？交通錐、巴拿馬運河、安全玻璃、世界大戰。

有些損失是不可逆的。或者可逆？我寫下這段文字的同時，有一群與美國非營利組織「物種重生」（Revive & Restore）合作的科學家，正試著讓北美旅鴿重生。他們利用一種「去滅絕化」的程序，從博物館標本採樣 DNA，將斑尾鴿胚胎改造成北美旅鴿胚胎。去滅絕化的倡導者表示，物種重生讓人類能有機會贖罪，重新造出因為人類而滅絕的物種，藉機修正過去所犯的錯誤。北美旅鴿會再度滿布天空，帶來永生不朽的視野，而我們曾經的失去，以及失去為世界帶來的告誡真相，將會一筆勾銷。

人類歷史就是漠視大自然警訊的歷史；我們否認一切、討價還價；我們調整基準線；我們重設了自己的記憶；我們使出基因學巫術和瘋狂的科學；我們修正自己的身體；我們亂搞大地；我們拒絕死亡和退步；我們越過了限度，利用工程與技術彌補弱點；我們忽視自己身體和地球發出的反饋及訊息。

雖然我內心暗自期望北美旅鴿能起死回生，或有類似事件出現，但我對這個毫無限度的世界憂心忡忡，對這個人類自認無所不能的世界、對

這個變化的程序被發明的狂喜和傲慢所蓋過的世界憂心。

　　我們一旦再度感受到強大，還能記得當初的脆弱嗎？我們可否同時感受到身體的挫折與能力，或感受那存續在喜悅當中的悲傷？我們常驚訝地發現，歷經痛苦事件的人（無論是意外、疾病，或歷經摯愛的死去）復返正常生活的速度何其迅速。世界強力席捲、改造著我們，彷彿事情不曾發生。

　　我不想在成為乾癟的老太太時，對著孫子追憶曾經飛越天際的中杓鷸。

有時，承認一個萬物崩解、生命瀕臨極限的時空是值得的。有時我們會停留在挫折之中，因為這是一個脆弱的具象世界；而當我們以科技發展和進步之名壓制覺悟時，它就變得更加脆弱。生命不可能沒有逆境、失敗和挫折。有時候，一個八歲小男孩的煩惱和不自在無法輕鬆解決；有時候，病痛就是不能完全康復。

五月底，飛越夜空的候鳥變得比較少時，小兒子剛從一場夢醒來，既疲憊又振奮地爬上我們的床。他夢見自己坐在一個高掛樹上的巨大鞦韆，越盪越高，高過他清醒時會害怕的高度。

「我覺得好像在飛，」他說，點出了他內心對於那騰空幻象的感受。

「你有掉下來嗎？」我問。

「沒有。」

「那你有往下跳嗎？」

「也沒有，」他遲疑半晌。「可是我覺得我下次會跳。」

我不知道他是否認真，是否真的勇敢，還是他覺得我也許希望有個勇敢的兒子。無論如何都無所謂，這是個好夢。

以後我會告訴他，我們的勇氣會以不同形式展現出來。我們在大膽的夢境裡勇敢，也在猶豫時勇敢。即使我們狂跳的心說「你會失敗，而且跌個狗吃屎」，但為了堅持下去，我們勇於勇敢。忍著犯下一百次錯誤的大器的勇敢。日復一日，只要我們堅持不懈，那就是勇敢。

夏

六月～七月

停滯

一隻美洲金翅雀
以及赤頸鷿鷈

平靜的停滯期與可怕的停滯期，
以及獨自一人和悠閒無事的常見窘境。

天空是一片暴風雨

前的淡紫色，水面呈現氧化般的綠色。我們在漢波灣公園（Humber Bay Park），坐在離浮巢約六呎遠的人行道上。一對黑色頭冠的赤頸鷿鷈最近在這裡築巢，剛孵出三隻小鳥。帶有皇家氣勢的鷿鷈雌鳥坐在凌亂的寶座上，她的背上窩著斑馬條紋的鳥寶寶。公鷿鷈在池中四處尋覓小魚，撲通鑽進水裡，復又浮出水面。只要牠帶著戰利品回來，三張小小喙嘴便對著空氣張口討食。兩位家長輪流孵著巢裡還沒孵出的蛋，帶著剛出生的小寶寶游一小段。

那鳥巢雖堅固，卻是個雜亂的小丘，以樹枝、蘆葦和水生植物搭築而成，當中還夾雜著塑膠袋和冰淇淋空盒。這只鳥巢就跟大多數的現代住家一樣，裝修工程仍在進行。母鷿鷈不時遞上幾撮剛摘的雜草給老公，公鷿鷈則以他率性的眼光，改善這個家。

跟我們一同站在人行道上的攝影師焦慮地望著雲，不安的感覺傳遍在場所有人。音樂家不斷變換位置，也不斷調整相機的角度，就像剛吃了太多糖般地躁動。

遠方傳來隆隆雷聲，是時候走人了。我們衝出公園，途中短暫地停下腳步，觀看一窩橙腹擬

黃鸝的鳥巢，和棲息在幾呎外枝頭上的美洲金翅雀。這金翅雀生來撩人上相，在暴風雨前的灰藍天空對比下，閃爍著不可思議的黃色光芒。音樂家的手抓著相機包，我看得出他的躊躇不決。

就在最後衝刺時，暴雨猛烈襲來，我們及時躲進了遮蔽物。

隔天我拖著兒子重回現場時，又一隻鷿鷈寶寶孵化了。我們觀望那些像是鬧劇演員的鳥寶寶失足跌落、又爭相跳回母親背上。

那天晚上，兩個兒子開始研究起鸊鷉。小兒子朗讀著鸊鷉的基本資料——水鳥，潛水專家，繁複精心的求偶舞，求偶叫聲響亮，接著，他停頓一下：「噢，好酷。這裡說，化石證據顯示，鸊鷉早在恐龍橫行地球時就存在了！」

隨後的沉默，我們各自沉浸在鸊鷉和三角龍相見歡的幻想當中。我腦海裡的畫面充滿著豐富的巨型生物群，還有遠古沼地的溼氣。在那瞬間，所有現代世界的建設全數煙消雲散，我瞥見麥金諾（J. B. MacKinnon）在他迷人的著作《過去與未來世界》（*The Once and Future World*）裡所說的「地下層故事」，粗略體會到「現代都市出現前的所在」是什麼意思。

兩個兒子腦海中的場景也許更凶猛、更不平靜，但我想我們都一樣，認為那剛孵出來、動作不怎麼靈光的小鳥朋友們，突然變得教人佩服。鸊鷉將我們與七千萬年前的生態相連接，牠們歷經漫長時間，生長茁壯，是那消逝已久的遠古世界的美麗孤兒。我心想，還有什麼比鸊鷉更所向無敵呢？

然而，有時想法會隨雨水而改變。這次不是司空見慣的那種降雨，而是打破紀錄的滂沱大雨，一場地球暖化的雨。二〇一二年七月八日，多倫多在短短兩小時內降雨量就達一百二十六毫米。（相較下，往年整個七月的多倫多平均降雨量只有七十四毫米；而上次的最高降雨紀錄，是一九五四年的一百二十一點四毫米。）這場雨以勢如破竹之姿傾瀉而下，引發了洪水。車輛四處漂浮，通勤鐵路大受影響，數千戶家庭更因此停電。

「這恐怕是多倫多有史以來風雨最猛烈的時刻，」加拿大環境部資深氣象專家告訴加拿大通訊社：「基礎建設不可能抵擋得住⋯⋯接受你將被水淹沒的事實吧。」

我在臥室看著、聽著這場風暴。樹枝鞭擊著窗戶，狂風如鬼哭神號，突如其來的警笛聲正匆匆趕往西區救火。

我很擔心鶯鵡，對於牠們的堅強無敵和源自史前的強悍開始沒了信心。於是我發了電郵給音樂家，問他認為牠們現在情況如何。他回信：「我想牠們應該還安穩地窩著，牠們知道怎麼做。鶯鵡對

天災的耐受力很強，可能早就躲進蘆葦叢裡了，誰知道呢？」

隔天，道路和人行道的質地變得不太一樣、有點滑溜。山溝附近的遛狗公園已成一片小湖，朋友住處旁的街道也陷出一個大坑。

我想去看看鷿鷈情況如何，無奈那幾天的行程突然滿檔，我跟丈夫之間因為壓力和憤怒而有緊繃。終於，在一場無聊爭執之後，我們開車啟程去看鷿鷈。

傍晚的天空依舊一片湛藍，音樂家和大約十來個聚集者正佇立在人行道上。內灣淺水處這時比往常高出六呎左右，鷿鷈的巢雖然受潮歪斜，但還夠牢固，足以撐起一家子。我鬆了一口氣，望著鳥寶寶自得其樂地四處游水，我徜徉在隨之而來的幸福感中。

能回到這個離家二十分鐘的地方，跟愛鳥怪咖們一起沉浸在站著觀望的氛圍中，沐浴在寧靜無風的夜晚空氣裡，無論我先前跟先生為何爭執，此時都已雲淡風輕。沒什麼要證明，沒什麼可失去，也沒什麼要做的。在這裡，遠離建築物、行程表和壓力轟炸，這裡就是生命的地下層故事。

夜色籠罩，我們站在這座以「tkaronto」這個摩霍克族（Mohawk）字彙命名的城市邊緣。「Torando—多倫多」的意思是「有樹木矗立水中的所在」。我試著想像一個白楊木林覆蓋的地方；我回到遠古之前，想像一萬兩千五百年前的古老潮線，一路綿延至我們佇立的北方。我想像我們正被冰蝕湖的水淹沒。

兩個星期後，正值盛夏，我跟兩個兒子又來拜訪鷺鴯一家。讓我們驚訝的是，鳥寶寶此時已是傻呼呼的青少年，身上的毛絨蓬鬆、黯淡，原本的稚嫩感倏地消失了。雖然頭部仍有奇特的斑馬紋，但牠們現在幾乎已是成鳥的體型，真是不可思議。身為一個十二歲孩子的媽，我分辨得出小鳥要長成大鳥的模糊界限；而那只鳥巢，那破爛、頹圮得像是就快沒入水中，我也頗熟悉。

我沉浸在傻呼呼鷺鴯的世界，沒有察覺到鳥的遷徙正逐漸趨緩。音樂家提醒我：「現在已經到了夏季停滯期。」春季遷徙這時進入尾聲，過境候

鳥為了繁衍後代繼續飛往北方，相對平靜的季節就此開始。我和音樂家的賞鳥時光則到了中間點，準備中場休息。

最後一次去探望鷺鴯之後，我在返家途中心想，大多數人對停滯期的應對方式，不外乎就是用事情、或是一目了然的忙碌去填滿這段時間。

我在思考要做什麼的同時，花了一點時間上網，讀了幾篇關於打造一座能抵禦風雨、防止氣候天災干擾的城市的文章，還下載了非洲拇指琴 (Mbira) 音樂，因為有位朋友告訴我，這種音樂很適合在寫作時聆聽。我也看了音樂家推薦的電影《尋找甜秘客》(*Searching for Sugar Man*)。

我告訴自己，我正在做研究，而好的研究就像一鍋大雜燴，題材會來來去去。我看了奧杜邦的書，瀏覽了格蕾斯·佩利的書，以及智利在後皮諾契 (Augusto Pinochet) 時期幾位作家的著作，還在 Etsy 網站買了項鍊送朋友。我也買了 Pleats Please 的二手古著圍巾給母親，再替自己添購 Mizuiro-Ind 的直筒

連身洋裝。我看了美國脫口秀大師 Louis C.K. 在他有名的「世界很棒，結果沒人開心」橋段中，對著手機與永不間斷的網路大聲怒吼：「你需要建立的是當你自己的能力，而不是不停去做些什麼。這就是我們被手機奪走的能力——單純就只是坐著、好好當一個人的能力。因為，在你此生所有事物底下，就是那個空無，永遠的空無。」

由於我的「研究」很積極，卻沒有用處，那天結束時我一事無成。我以為自己在對抗空虛，其實也只是改變了它的表象而已。

只要我記得，就會自問：我該如何與停滯不前和平共處？雖然還沒想到滿意的答案，但我曾藉著各種想得到的方式尋求解答，像是糟糕的感情關係、愚昧的消費行為、旅遊、瑜珈、過度的運動、心理治療、在家打果汁、狂看電視、打毛線、佳節大餐，甚至透過創作。我逐漸意識到，停滯期不僅僅是個工作上的問題，也是個感性的、知性的、而且關乎存在的問題。如果我曾找到答案，那麼我在待業的沉潛期間，也許就不會只能聽天

由命。或許我能放自己一馬，不再如此焦慮；或許我能達到禪的境界，與自身懸念、甚至和讓人不安的空無同席而坐，去感受宇宙的寧靜與浩瀚，不為懸念和空無所擾。

性別研究學者伊芙・賽卓維克（Eve Sedgwick）在治療因罹癌療程而引起的憂鬱問題時突然開悟。她告訴治療師：「我明白自己向你或其他人抱怨有什麼意義了。當我告訴你情況多麼糟糕，或者我做事多麼認真、又有過什麼經歷的時候，其實，我想聽到的就只有一句話，那就是：『夠了，妳可以停了。』」

現在我坐在桌前，看著我的貓。她盡興地躺在地板上陽光灑落的那塊方格中，開開心心地什麼都不看，因為無事可看；她似乎一點兒也不擔心無事可做，或是自己缺乏敘事的辯證能力；她似乎毫不害怕自己若是不動，那牆壁就會崩塌，也不怕自己最終會倒在床上，永遠一覺不醒。

詩人艾琳・邁爾斯（Eileen Myles）：在某個奇怪的面向上，工作與工作之間的留白才是真正有趣的地方。

演員丹尼爾・戴・路易斯（Daniel Day-Lewis）：絕對是。你在年輕時可能還不懂箇中之道，因為你老是被自己的動能一處又一處地牽著走。只有在暫歇之處或中場休息期間，你做的才是真工作。

——摘自《冰島的重要性》（*The Importance of Being Iceland*）

我在七月中旬參加了一場一日冥想靈修會。指導老師因為會提供一些不甚虔誠、卻頗具個人魅力的建議而聞名。這位老師吸引到各種類型的創作者，參加他思想開放、氣氛融洽的活動。他避開「上師」的形象，成立了一個叫「知覺探索者俱樂部」（Consciousness Explorer's Club）的團體，將精神實踐與社會正義的行動主義和創作探索相互結合。

老師讓我們練習呼吸冥想，或稱「anapanasati—安那般那念」。這種冥想只需坐著感受自己的呼吸。到最後，當你不再調整或控制自己的呼吸，你會感覺身體開始自主地呼吸。

他說：「冥想不會將忙碌思緒一掃而空，但最後你也許會發現，思緒之間的間隔逐漸變長。隨著身心壓力緩緩減少，你會開始渴望那些停滯和靜止的狀態。」

在某個時間點，專注的疲憊感襲來，我只記得自己躺在那裡睡著了。

邁爾斯：什麼事都不做、或不做他人要求之事，這當中最駭人的，就是你在某種程度上會覺得自己正瀕臨死亡。

丹尼爾：沒錯，妳說得對。這就是個小小的死亡，而且可得反覆練習。

停滯可能舒心，為心靈帶來平靜，甚至讓人回復活力。它可以是個重新調整頻率與滋養的時刻。停滯可能代表一個寧靜懸浮的狀態、一場精神上、漫長的白日夢，或者一段輕盈的中場休息。一個人也可以因為停滯而陷入睡眠、甚至恍惚之中。

但對我所知的許多藝術家來說，「停滯」一

詞象徵的意義卻恰恰相反：缺席、破綻、不完整，是致命且危險的事，甚至是恐懼與憂鬱的來源。這通常有幾層成因：

一、盲目恐懼。在藝術家之間常見、而且合理的焦慮，就是擔心創造力若無持續練習便會消亡。自信會萎靡，肌肉也將鬆垮。最初只是停滯，而後卻變成慣例，最後靈思一去不回。

二、資本主義。我們生活在一個講求高績效和競爭力的文化當中。即使是常年處於局外、比一般大眾更不受傳統的市場價值觀拘束的藝術家，仍會覺得有必要盡可能增強創作產出效率，從中獲取最大利益。即使是住在令人昏昏欲睡的鄉間的人，也會感受到時間的壓迫，以及那殘酷的必須——與外界保持接軌。即使是一個改進的想法，雖看似良好，仍可能會變成鞭策自我的一根棍子。

三、存在的恐懼。我們生活在一個「就算裝作一副最膚淺無謂的姿態，也總比沒有來得好」的文化之中。多數人寧可盲目向前，也不願面對靜止的景況。作為藝術家，很可能會財務狀況不穩，而且存在感也搖搖欲墜。多數作家會說，自己唯有在搖動筆桿之際才稱得上是個作家。寫作一旦停下，麻煩就會開始找上門——自我譴責，

害怕消失，擔憂變得無足輕重，害怕失去最優秀的自我，諸如此類。作家珍布雷諾（Kate Zambreno）就描述了陷入空白的存在困境，那諷刺的空缺。她寫道：「我知道遭遇瓶頸、停滯不前時，我應該要出門走走，但內心卻有種抓、扒、撕、扯的難耐感，好似我若是寫不出好東西，就不該出門享樂。我往往會潛逃到一種懶散的半存在狀態，躲在幕後等著看事情發生。」

四、逃避的習慣。對於那些藉由工作擺脫困境、感到輕鬆快樂的人來說，一段停滯就代表了沉重與絕望。有時，認真工作就是逃避的藉口──逃避人生、逃避一旦我停下就會虎視眈眈而來的困境。「持續不停工作，」挪威作家克瑙斯賈德（Karl Ove Knausgaard）寫道：「也是種簡化生活、逃避生活需求的方式。尤其是對快樂的需求。」

很多人都發現，行動、完成與成功的需求永遠源源不絕而來。我父親認為停滯不是恩典，而是敵人。他的世代、階級以及他個人的既有觀念，便是認為「工作」是唯一重要的事（是「大工作」，而不是打掃、照顧家庭生活的「小工作」）。工作是種催眠

和逃避自我的方式：最好持續不停地工作。

從許久之前開始，父親那種極端的工作倫理，也成了我的工作倫理。

但持續不斷、焦躁的做事精神，要在我為人母時才真正現形。生下長子後，我發現自己不能想走就走，我沒有作家傑夫‧代爾（Geoff Dyer）所說的那種通行證：「讓生活找到自己的節奏，狀況對了我才工作，狀況不對就先擱著。」想輕鬆脫身、跳脫預期也變得更不容易了。

最近，我在特別忙的時候想起摯友所創作、一件名為「不眠」的影像作品。這個作品是取用一張家庭老相片的影像重製而成。照片中的女人睡在躺椅上，在旋轉發亮、如天體般的背景中格外顯眼。這畫面呈現的並非午後打盹，而是一場忘卻之眠。後來我得知，影像中的女子是摯友的母親，也知道這位母親在照片拍攝當時有三個小孩要照顧，同時正在攻讀職能治療碩士，生活分秒必爭。

這處於高度警覺、隨時待命中的女人，在那個別具顛覆性的瞬間解脫了：她陷入自己內在的永恆。

　我認識的藝術家媽媽與爸爸們有太多的「有限」。我們常在計算，計算時間、金錢、生活瑣事、喝了幾杯咖啡、距離睡覺還有幾個鐘頭。我們常對孩子發脾氣、不耐煩，而這讓我們坐立難安，甚至覺得羞恥。

　希望那些出現在我生活中、給了自己過重壓力的每個人，都能拉長未受占用的時間，去獨處，去逃離時間的綁架，有充分空間去感受無聊、自我迷失、大做能讓我們跳脫對表象事事計較的白日夢。

顯然，停滯期在結束前，不會有人知道這段時間究竟是有趣或無趣，是豐收抑或歉收。然而，我們很難不將這段停滯時期用希望和夢想填滿。在講述天才藝術家的好萊塢電影情節中，閃閃發亮的童年停滯期（包括那寂寞、無趣的陰影）一向是日後激發藝術大爆發的泉源。停滯造就了榮光。

但我關心的並非這種光輝燦爛的停滯，而是那種不具速度、不請自來、會隨處大量出現的停滯——當工作完成，當孩子離開，當疾病纏身，當

思緒停擺。沒有人會在遭遇停滯狀況時問：你對我有什麼用處？這些停滯沒有我們會將之與饒富靈感的遊盪、假期或空檔聯想在一起的特質，那種田園詩歌般飄忽的特質。（如果有，我們就可能比較不會去抵抗，也不會如此沮喪。）這樣的停滯帶有躁動不安的陣痛感——因為太過滿盈，同時卻也太過空洞。這勾引我想起尚·考克多（Jean Cocteau）所形容的「永恆的不適」。

我們若是想像一種停滯，它既不有害，也不美好呢？如果停滯本身就只是停滯？

走出冥想靈修會時，我感覺到心靈得到了洗滌。我發現繁忙街道正在靜謐的房間外頭守候著。我雖然疲憊，卻十分平靜。樹籬裡有雀鳥躲著唱歌，身穿涼爽夏日洋裝的單車騎士戴著墨鏡穿梭街道上。樹木的翠綠在午後光線下教人目眩神迷。當我沿著小街走路回家，一旁的住家後院正飄出陣陣烤肉香。

我離日常冥想還很遙遠，但我喜歡冥想為我指出

方向，指出在我所有的忙碌工作和社會角色底下，仍存在的寧靜地下層的故事。有時，冥想的人會說，這是身體的「平靜感的基調」。那個地下層就是能挺過暴風雨和現代都市摧殘的驚駭棲地。也許它因為停滯而被埋沒、被遮蔽，不過，一旦我們進入當中，就能窺見清閒無事的自我。這也或許會是個更美好的生活形式。

現在，每當我聽到鳥鳴，都覺得自己潛入了地下層。當我感覺自己被壓扁、被在乎的事搞得筋疲力竭，我會去尋找一方天空。空中永遠都有鳥兒自由飛去，城市的鳥掠過我們的建築稜角，在四周飛翔舞動，唱著屬於牠們的歌。

如果風向對了，有些鳥兒喜歡展翅漂浮空中，雙翼動也不動。這是一種奇妙的本領，在風力與地心引力之間保持穩定，牠既不升起，也不落下。

八月
漫遊

| 北美黑啄木 |

轉換你的跑道，
在不同領域間游移，
替未知預留一扇門。

自我有記憶

以來，我就深受擁有偏門嗜好的人吸引。也許是因為自己無法只投注於單一的工作或領域，所以我對於那些能在個人創作之外找到靈感的藝術家特別感興趣。可能是像歌手巴布・迪倫（Bob Dylan）對修車或焊工的熱情，或作家希薇亞・普拉絲（Sylvia Plath）那樣對養蜂很有一套。一件完全意料之外的事情，居然能是某人內心的泉源或幽暗洞窟；而我們在所謂的「空檔」所做的事，居然能有力地形塑我們的藝術生活，豐富地與之相互交流——這種概念讓我著迷。

我告訴音樂家，要是能穿梭時空，我的夢想會是花一整個下午，跟作家納博科夫（Vladimir Nabokov）一起抓蝴蝶，或跟作曲家約翰・凱吉（John Cage）採集蘑菇；我要跟著詩人艾蜜莉・狄金生一起玩園藝，和聖修伯里（Antoine de Saint-Exupery）一起坐上飛機（但也許不會飛越撒哈拉沙漠）。他人濃烈的興趣令我心生嚮往。

我對他說：「你之所以吸引我，不是你既有的音樂才華，也不是因為你是厲害的攝影師，更不是你待人友善。你最吸引我的，是你那種刻意漫遊的特質。」

我說：「因為你有跨領域的知識。我知道你不是鳥類專家，但你對鳥類的認識，卻多過我對

所有動物的認識。你的鳥類知識，甚至多過我對
寶寶的認識，我甚至還是兩個小孩的媽媽呢！」

　　聽我說出這些，音樂家略顯困惑與靦腆，但
我看得出來，他很高興自己能與納博科夫相提並
論。

納博科夫對鱗翅目昆蟲領域的興趣，最初是被昆
蟲學家梅里安（Maria Sibylla Merian）的著作所點燃。
他在俄羅斯韋拉（Vyra）家鄉的閣樓裡發現梅里安
的書。由於沒學過開車，他需要妻子薇拉載他去
捉蝴蝶。雖然他手持鬆垂的捕蝶網、身穿高腰短
褲，在照片裡看起來就像是個業餘的蝴蝶玩家，
但納博科夫其實是位正經的分類學家。例如他在
一九四〇年代就是哈佛大學比較動物學博物館內
的蝴蝶標本的館藏管理負責人，而且還在昆蟲學
期刊發表研究論文。一九六七年，納博科夫在《巴
黎評論》（Paris Review）的訪談中說道：「在顯微鏡
下發現新構造、或是在伊朗和祕魯的山坡地發現
新品種蝴蝶——文學靈感帶來的樂趣和收穫，相
形之下實在不算什麼。要是當年俄國沒發生革命，
或許我會全心全意投入鱗翅目昆蟲學，一本小說

都不寫。這也不是不可能的事。」

約翰・凱吉不但是前衛音樂領域的重要人物，更是狂熱的真菌學家。他採集野生蕈類的起點，是起於某次在紐約州洛克蘭郡住所附近的石角（Stony Point）森林裡的一場漫步。他熟悉真菌領域的知識，精通程度甚至讓他在五〇年代末參加義大利某個益智節目時，在關於蘑菇的問答上贏得五百萬里拉。他在六〇年代為紐約一家餐廳提供可食用的蕈類清單，並在新學院大學（New School）教授蕈菇課程，此外也協助紐約真菌協會（New York Mycological Society）的創立，與一群真菌專家持續在紐約市和紐約州主辦菌菇主題的例行活動。「裝作自己很懂蕈類是沒用的，它們完全跳脫你的知識，」凱吉在《獻予鳥》（*For the Birds*）中寫道。蕈類不按牌理出牌、亂無章法，又不在既有的分類學知識之內。「我的心得結論是，只要專心研究蕈類，就能學會音樂。」

艾蜜莉‧狄金生從小就是植物愛好者，也是個狂熱的園丁。當她十四歲、還是個植物學學生時，就從麻州的阿默斯特（Amherst）自家附近的野地和森林，採集到逾四百種的植物，將之集結成一本以皮革裝幀的標本集。這部標本集目前已影像數位化，同時收藏在哈佛大學的霍頓（Houghton）圖書館內。狄金生精心栽培的花園甚至比她的詩句更為眾人所知。在她與世隔絕的日子裡，禮物花籃成了她和外界的溝通管道；她持續在夜裡在花園中漫遊，穿著白色棉衣裙，就著提燈火光工作。「我一直離不開泥土，」她曾這麼寫道。狄金森在一八八六年辭世，在她身後尋得的一千八百首詩作當中，有超過三分之一皆是她運用深厚的園藝知識，和花園與周遭土地的意象所寫成。

因為時逢八月，所以我思考起漫遊這回事。迫不及待投入賞鳥行動的音樂家，此時已漫遊到魁北克鳥島（Bonaventure Island），與十萬隻北方塘鵝混在一塊兒。這群嘈雜的鳥兒在這個蘇格蘭之外規模最大的巢區裡彼此緊貼地擠著。（音樂家臨別前的訊息是：「日子裡少了鳥，我的大腦嘆息，對質著內心，裡

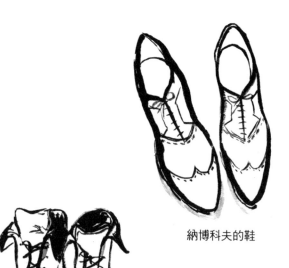

納博科夫的鞋

約翰‧凱吉的靴子

艾蜜莉‧狄金生的鞋

頭除了廢物和寂寞，別無他物！我要打敗炎熱，親親鳥兒：衝啊！」）我則和家人來到北安大略的森林，參加YMCA家庭露營活動。

我們已連續十年來到此地的小屋，捨棄現代化的便利換來涼爽、甜美的湖水。看著兒子們各自在大地上四處遊走，我心中的喜悅讓我原本對於集體聚餐、主題之夜和營火晚會的不自在感受（對內向者來說，營隊是一大惡夢）全都煙消雲散。他們幾乎每天一早就出發，入夜後才渾身髒兮兮、帶著小傷回來，有時還會流點血。

我希望藉著這個家庭活動，燃起我童年時熟悉的自立與自由。我九歲時常自由自在地在社區裡閒晃到天黑。母親那時正忙著照顧她的日本藝廊，幾乎不太管我。

三十年後，在同一座城市，我的孩子卻鮮少走出家門或庭院。身為一個介於直升機式管教與放任管教之間的人母，我好奇為何有些人認為給孩子獨立是個嚴重的讓步之舉。雖然好奇，我卻發現自己很難放手任他們自由。其他家長大概也很好奇吧。或許我們只是擔心自己對小孩若是不夠寵愛，會遭受其他家長的冷言冷語。我只知道，社區裡多的是被關得緊緊的孩子。

當今是史上對兒童監護最甚的時期，我只希

望兒子去體驗能培養勇氣、好奇心的那種零架構遊戲，於是這個晚夏就成了越獄的大好時機。

那個晚夏也是我結婚十五週年。當兒子們在捉青蛙、射箭，發現那城外世界刺激、難以駕馭，偶爾甚至是可怕的一面的同時，我和老公正散步穿過森林。

我和他相遇時，我們都在心碎當中。他在一家小俱樂部的後廳唱歌。我之所以會出現在那裡，是因為有兩個朋友逼我出門走走，不要再因為和西岸詩人才子分手而憂鬱。他們說會讓我吃到暖心的美食，換個風景看看的保證，成功地把我拐出了家門。

這個日後成為我先生的男人身材精瘦結實，一頭深色短髮。他掛著黑眼圈，手臂上有 Grover 這個芝麻街人物的刺青圖案。全俱樂部裡都是他認識的人，當中有許多歌手或音樂家。他在這個最淒慘的時期唱的歌充滿暴烈情緒，還有自嘲的幽默。

我們倆都不在最佳狀態，所以我錯認他是其他人。

這傢伙很淒慘，我開心地想著。正是我的菜。

第一次約會時，他穿了一套深色復古西裝，給人抑鬱瘋癲的錯覺。我以為很快喝完一杯就會謝謝再聯絡，所以背包就擱在腿上，準備隨時起身走人，但這場約會就這麼繼續下去。凌晨三點，我們倆帶著醉意，貼著彼此跳起舞。我輕觸他的臉頰，他那哀傷的鬍渣。

我以為那只是一時激情，不會有未來。但當晨光乍現，我們依然彼此依偎，鳥兒鳴唱——至少我覺得牠們是在唱歌。在荒蕪的庭院和凋萎的花朵之中，肯定有鳥兒藏身，只是當時我有所不知，這世界其實沒有一天是沒有鳥的。

我當時不曉得他會留下，從沒真正離去。我不知道我們之間能共築出愛巢。

我很快就知道，這男子不是會編造個人故事的人。他不會多想，這不是說他膚淺或沒有好奇心，我從沒遇過比他更拚命的自學者。在一起的這段時間，他全力以赴，專注在有關意第緒語的博士論

文，製作電影配樂、領唱，也沉浸在華格納歌劇與俄國古典文學當中。

我不知道自己找到了一個性格樂觀的男人。他不相信苦難才是藝術家的理想狀態，他不用悲劇性的神話遮掩自己。他不像我前兩任男朋友那樣是形而上的詩人；他不沉溺於讓人暈眩的抽象對談，也不太讓自己表現嚴肅。這個新男友是歌手，不是喜怒無常的那種，而是喜歡輕快的靈魂樂和拍手唱和的福音歌曲的歌手。第二次約會時，他帶著從藥妝店買來的巧克力和雪莉酒，出現在我家門口。他把酒倒進兩個馬克杯，我們坐下來，看了電影《富城》（*Fat City*）。

有個女同志單親媽媽的他，很清楚自己母親遭遇的困境。他聽著幾百首搖籃曲長大，相信一切終將撥雲見日，即使不預先追逐悲傷，也能感受到純粹的快樂。只要你不為萬一或最壞情況預作打算，就不會招來厄運之神，天也不會塌下來。你無須先強化自己（像是用長袖發熱內衣、鈣鎂錠、大學學歷），以抵擋即將到來的災難。

他的成長背景與我的大不相同。

我的目標是永遠都不走入婚姻。我不認為婚姻是通往「富含想像的人生」的道路，我寧可全心投入藝術。我在十六歲時就已經很明白這一點，那時我拉著母親，走進一間正在進行婚禮的教堂。在那裡，就在紐約市西五十九街的聖保羅教堂後排座席，我要母親睜大眼睛看著。「這個，」我說：「就是我永遠都不會辦的婚禮。」

當時我和母親到紐約是為了欣賞藝術，藝術向來是我跟她之間能毫無障礙共享的事物。我們都愛看展覽，也喜歡畫畫。我正是因為她才會握著畫筆長大。

剛移居加拿大時，母親試著和我一起學習新文化的規矩。這並不容易，但移民的字典裡向來不存在「簡單」兩字。英語對她一直是個挑戰；她會混淆措辭用字和動詞時態。有時她發錯讀音，我們也會忍不住笑出來，像是有回她告訴一名來訪的日籍醫師，說自己願意擔任他的英日語「飯粒」（翻譯）。但我看得出來，這情況若是出現在公眾

場合，她會很尷尬。她在我還小的時候曾稱讚我聰明，但當我成了家裡第一個上大學、而且繼續攻讀研究所的人，她卻說我是學術白癡。她很愛拿警世故事款待我，說她認識一個「英語博士班女士」，笨到拿獎學金去豪賭，結果輸得一毛不剩；YMCA又有個自作聰明的律師，驕傲過了頭，結果惹人嫌棄。她聰明地認為只有笨蛋才崇拜大腦，以為大腦比其他器官強。

我們在藝術的無語狀態裡，找到了停戰的片刻。母親的頹喪和忌妒情緒在藝術世界裡盡數散去，她在當中可以驕傲地說，自己能將藝術表達得流利又清晰。

反觀我的英國父親，連簡單的圓都畫不好，但他對語言和文字卻有自己的一套。他以寫作維生，我們一起出門時，他從不會弄錯動詞時態。他在眾人面前的辯才無礙與聰明讓他備受尊敬，沒有人會無視於他的存在。

但此時父親的語言能力跑哪兒去了？是因為疏於使用，所以消失殆盡？我決定讓我們倆的對話話題再廣闊些，不要像隧道般狹窄。年老再加上病

痛確實削弱了他的表達能力。

十五週年結婚紀念日不久後，我請先生幫我列出一份有關漫遊者的歌單。我需要一些建議。我們有時會玩起 DJ 遊戲，擊掌後換人接龍。我會先選一首歌，他再選一首歌詞相通的歌續接，以求音樂的流暢無間。我第一首歌選了裘莉·荷蘭 (Jolie Holland) 的《小小鳥》 (*The Littest Birds*)，再讓他接續。以下是他的歌單：

伍迪·蓋瑟瑞《塵土飛揚的道路》

　　(*Blowing Down That Old Dusty Road* by Woody Guthrie)

歐曼兄弟《漫步的男人》

　　(*Ramblin' Man* by Allman Brothers)

狄昂《遊子》

　　(*The Wanderer* by Dion)

稀土《天生遊魂》

　　(*Born to Wander* by Rare Earth)

巴布·迪倫《浪跡天涯》

　　(*Walkin' Down the Line* by Bob Dylon)

胖子多明諾《我在走》

　　(*I'm Walkin'* by Fats Domino)

史提夫·馬丁《流浪的人》

羅傑・米勒《公路之王》

(*King of the Road* by Roger Miller)

母親五十五歲那年跟父親分道揚鑣，她找到了另一片天。那時我已經搬出家裡，沒人能阻止他們為了各種事由爭吵。（他們婚姻中最後一次大吵，是為了一張搖椅。）母親與新朋友探索這座城市，社交活動充實忙碌。過了一段日子，憤怒與爭執徹底消散，我在她身上看見一股未曾見過的平靜感。她在肯辛頓（Kensington）市集抽大麻，還去參加露天演唱會。

父親不停搬家，一間換過一間，最後總算在距離我母親兩條街外的公寓安頓下來。短暫的幸福過後，他確診罹癌，隨後又發現腹主動脈瘤，生活狀況步步倒退。他越來越弱不禁風，她卻益發堅定茁壯。

母親剛搬進自己的公寓時，帶了一袋庭院的石子。我在她家門口發現那石子就堆在陶碗中。象徵他處的石子；象徵她必須學習新事物的石子；象徵

決心的石子；象徵地心引力的石子；象徵持續的石子；象徵愛的石子；象徵日常之美的石子。

有時我來探望她，也會拿幾顆放進口袋。

我母親不願當褓母，她變得叛逆、不慈愛，拒絕迎合他人。我則填補了這個缺口，意外發現自己竟然很有天分。

但是，母親身為女性的奉獻本能沒有完全熄滅，她永遠不會空手來訪。有天夜裡她來我們家用餐，帶了三大包墨西哥玉米餅派對分享包，還帶了要給我父親的一袋燈泡。

我父母決裂後的這二十五年來，他們一直相敬如賓。他們不願屈服於傳統的情感或安慰，但在情況好的時候、在愛孫的愉快陪伴下，在他們放下認為對方虧待了自己的偏見時，我看到了一種只能以「體諒」稱之的柔情。

他們體諒彼此童年都有陰影，各自在成長過程中歷經的經濟困窘，其實也是情感的缺口。他們諒解彼此選擇了各自生活，各自變老，諒解母親以自我防禦態度迎接老年——她會囤積一些「老人衣」，例如鬆緊帶長褲、穿脫方便的套頭羊毛衣等，父親戲謔地稱她的衣櫃是「哈洛德百貨」。他們守著對彼此的諒解，那是這兩個孑然一身來到異國的移民的橋梁。情況好的時候，這種諒解會累積成一種愛。

我從母親那邊遺傳到偶爾不正經的幽默感和獨立，從父親那邊則遺傳到對世界的好奇心及對離群索居的渴望。

好久好久以前，我活在陌生而陰冷的宇宙一角，我從沒想過，在那一刻來臨前，自己對於這世界的焦慮感不過是一個框框。這焦慮感已如此內化。而後我未來的丈夫出現了，他打開門窗，將我推出框外。

我走出那個陰暗角落，就像我跟隨一個賞鳥人沿路走著。我緊緊跟隨他，看他所見之物，聽他所聞之聲，開始注意那些我未曾留心的事。在這條路的盡頭，我轉頭回望，看見我的嚮導何其堅定、何其努力地指引我穿越那片森林。

我和先生建立了一種開闊的婚姻關係。這十五年來我們攜手漫遊，也各自流浪；我們可能身處兩塊不同大陸，也過著截然不同的生活。我們曾讓彼此難過、憤怒、快樂；我們對彼此來說，既無關緊要，卻也十足重要。在同一個當下，彼此既疏遠又親密。我們走過一同精心打造巢窩的階段，卻也曾失神讓巢窩落下，幾近毀滅。我們至少經歷過十五次的婚姻之死，卻又讓愛火復燃。

　　我從他身上看見另一個孤獨的同類，一個有

自己專注領域的人。儘管路途曲折，但我願意為他做任何事，願意一再選擇他的陪伴。而我最喜歡「我們」的一件事，就是兩人用心保護著彼此的獨立。

婚姻不是關乎存在的解藥，也並非所有人都需要婚姻，雖說擁有良好基礎的感情，也許對每個人都有益。先生在我身旁時，我感覺到孤獨退去，卻也感覺到自己比月亮還孤寂，這就是親密的矛盾。

我們的愛帶來的獻禮，就是踏實感，讓我能自由漂泊。我知道自己可以暫時離開，也不會被視為不負責任。我體會到，如果你知道有個人會靜靜等著你回來，在你降落時為你鋪好軟墊，接著用一首歌或一則笑話迎接你，那麼，踏上一段個人獨自的冒險之路就會容易許多。

有時我擔心我們會養出孤單的孩子。結婚十五週年紀念日那天，在走往森林的路上，我發現小兒子沿著小溪閒晃。那孤寂感就在他的雙眼裡，在他蹲伏的身影和周遭的空間中。他在尋覓清晨一場雨後出現的青蛙。這是需要集中精神的孤獨追尋，我對此再熟悉不過。我們等著他叫我們過去，或是他自己跑來，但他沒注意到我們正看著他。丈夫示意我們應該繼續往前走，讓兒子自行

探索。

　　於是我們沿著羊腸小徑繼續走著，尋找鳥兒，慶祝婚姻裡曾出現的一切：樂觀、爭執、幽默感、混亂、信念、原諒、心碎、孤獨、熱情。

我還是沒能成為敏銳的自然觀察者，找尋鳥兒有時仍然教我迷惘，不過那天我還是在森林裡看到一隻北美黑啄木鳥。這隻鳥實在很難錯過──烏鴉一般大小，面部帶有斑馬紋，頭冠艷紅。牠就像一位圖騰雕刻師，正忙著啄起木頭。雨後的森林有種發亮般的靜謐特質，當我們站在綠葉棚蓋下，原本緩慢深沉的起伏聲立刻變成敲擊的巨響，這是一種警告，因為我們太靠近牠了。我們往後退，隨後便聽見敲擊聲逐漸放緩。北美黑啄木鳥需要大塊的林地，就如同婚姻也需要空間。

　　那天夜裡，我在小木屋裡躺著，躲在破爛的睡袋內，傾聽某隻蛾的劈啪撲翅聲，還有孩子與丈夫的呼吸聲。

　　瞧瞧漫遊帶來了什麼，我心想。繞了路，我得到這個。

秋

九月
遺憾

一隻大藍鷺幼鳥
和一隻金翅雀雛鳥

微小卻縈繞不去的遺憾，
對小鳥寶寶多愁善感的好處與危險。

九月時，我踩著單車

來到海柏公園的鴨池。這天是音樂家的生日，我帶了幾張馬勒音樂會的門票給他，外加一本有關鳥鳴的書。雀鳥們正忙著唱歌、飛行、降落、覓食。我們停下來看著一隻年輕的大藍鷺正以體操選手般的平衡感，站在溼漉漉的木頭上。接著我們把車停進一條更狹窄的小道。

下車走了幾分鐘，看見不遠處有一對老夫婦正拿著相機對著地面，於是我們走過去，看向下方。

就在那樹底下，有一隻從巢裡摔落的美洲金翅雀幼雛。牠的爸媽在上空盤旋，朝地面俯衝，似乎在指導灰色的鳥寶寶該如何飛起來。

但這隻雛鳥根本不可能會飛，牠不過是一團蓬鬆又無能為力的毛球。

鳥爸媽接連飛下來幾次後就振翅離去了。

鳥在剛出生時還是冷血狀態，頭幾天仍需要持續孵著。雛鳥在發展出調節體溫的能力之前，需要仰賴父母的溫暖。我不知道這隻雛鳥是否覺得冷或害怕，但我看得出牠在發抖。

在我心中暗自的想像裡，我將這隻金翅雀寶寶捧在手心，帶牠回家。我已經想像出自己照顧牠、直到牠羽毛長齊的整個過程。我會在書房裡用樹枝幫牠築出一個庇護所，再以鋁盤充作牠的鳥浴盆，用牙籤餵牠吃小鳥寶寶食物。我用樹皮蓋出一窩溫馨的鳥巢，從 iTunes 下載金翅雀的歌聲，柔聲播放，好讓牠不忘自己的來歷。等到牠夠強壯，我就會放牠自由。屆時我先生會精挑出一張「展翅高飛」的歌單。

微弱的啾啾聲將我從美夢中喚醒。鳥寶寶發出微小的聲音，那是漸強的恐懼。

我想拯救這隻鳥寶寶，但音樂家卻反對。他說，那不是我們該插手干涉的事。冒險讓一隻在外翱翔的鳥變成被豢養在室內的鳥，這是不對的。如果害鳥兒受傷的是我們，那確實得彌補自己的過錯，但這不是我們造成的。他說，無論在都市或野外，所有的幼鳥都會遭遇危險；他還說「適者生存」雖然確實讓人難過，但多愁善感也沒有用。

我被「多愁善感」這四個字刺中。我不想表現出意料中的情緒化，也不想太「女性化」——天啊，這可別發生。而且，要是我開始拯救受難動物，會不會就起了個開端？我願意將來自家成為野生動物的收容中心嗎？

我知道有些人對動物的愛很粗暴，充滿痛苦和折磨——「這世界的每一天，對動物都是悲劇的地雷區。」作家梅根·道姆（Meghan Daum）如此形容。有時對動物的愛心反而會演變成阻礙。

最後我做了決定。也許因為音樂家說得對，又或許我也怕麻煩，這件事他才比較懂。我同意讓幼鳥留在原地。我的理智雖能理解他的邏輯，情緒卻蠢蠢欲動地想造反。

陳志勇（Shaun Tang）的《失物招領》（*The Lost Thing*）是我最喜歡的繪本之一。那故事發生在一個後工業世界，有個男孩在海灘上發現一個奇怪的「東西」，決定為牠找一個家；但所有人都認為，還有其他事遠比這更值得關心。

這個關於被遺忘之物的故事帶有深刻的憂傷感。一方面，那是個嚴峻且講求效率的世界，另一方面，卻有個心地柔軟的男孩放慢腳步，注意到了一個被人遺忘的東西。（男孩會蒐集瓶蓋，所以習慣會在城市路邊尋覓。）

這個遺失物最後宛若一扇門，一扇讓男孩和他很少遇到的其他遺失物及生物相遇的門。這個故事告訴我們，在一個高度知覺的冷酷世界裡，保持柔和並不容易；然而這故事同樣告訴我們，這麼做，當中仍有益處可待發掘。

你如果擔心鳥兒還小就落下鳥巢，那麼可以試著將鳥送回牠的巢內。如果鳥巢壞損了，或是在搆不到的地方，那麼可以用一只小草莓籃或是鋪有紙巾的小盒子代替，把小盒子掛在你認為靠近鳥巢

的樹枝上。

　　鳥類的嗅覺不敏銳，而且育雛本能強烈，這表示牠們通常會繼續照顧自己獲救的幼鳥。

　　　　　　　　——奧杜邦學會

你有遺憾嗎？我遺憾自己有好幾次太過理智冷靜，或者相反地太過感情用事。我很遺憾好幾次覺得情況會更好時，自己卻不知何故退縮了，沒有再向前一步。我也遺憾自己消極又膽小的反應，就像作家喬治·桑德斯（George Saunders）所說：「當一個生命就在我眼前受苦，而我的反應卻如此⋯⋯理智，矜持，冷淡。」我遺憾有好幾次雖然我心中已自有想法，最後卻還是遵照他人的指示行動。我對某部分的自己感到遺憾——習慣順從、又唯恐自己多愁善感。我遺憾沒有讓衝動、勇氣和直覺推促我行動。

我遺憾無法在偏頗的觀點與低俗的幽默下，把自己的真實情感隱藏得更好。我後悔自己不用科學的方式思考。

「遺憾—regret」一詞，源自古北歐語的「grāta」，意謂著「悲嘆、呻吟」。或許遺憾是一種溫和、愉悅得近乎教我留戀的方式，讓我得以述說自己感受到的不滿——對我那狹隘又優柔寡斷的性格缺陷的不滿。

我自認大抵不是愛哭或愛抱怨的人，但我能懂哭與抱怨當中潛在的愉悅感。

多年來，我在九月時都會參加先生會負責領唱、歷史悠久的猶太新年儀式。儀式進行到某個階段，大家要在一張小紙片上寫下過去這一年的遺憾，同時思考該怎麼彌補這個缺憾。傳統上大家要將這些懸念拋進水中（最好是「海洋深處」），但這裡可是個進步的社區，於是我們改將紙條丟入藍色的資源回收大桶。

我對宗教及公眾儀式一向敬而遠之，但這個儀式卻出奇地讓我滿足。我喜歡偷看別人寫下多少遺憾，而在他們苦惱的內心裡又背負了多少的

「罪」。

我婆婆也參加了這個儀式，但她從來都沒什麼好寫。我想，這是因為她的正直。她一輩子都在為他人挺身而出，和他們並肩而立。她曾為了爭取人權上街遊行，也支持、甚至收留反越戰人士；她率領群眾對抗薩爾瓦多及尼加拉瓜的極權政府，也持續支持巴勒斯坦人的權利。她一生都堅持不懈地為經濟、性別和種族不公而戰。

她的心沒有悲嘆，也沒有呻吟。

有時，我會為人類集體的精神而憂心，我擔憂有朝一日所有人都將同感遺憾的一些大事。我擔心，就如同英國自然作家羅伯特·麥克法蘭所說：「我們正身處在生物多樣性遭破壞的持續危機裡，然而我們卻將這些危機——如果我們真的留意過——視為不過是耳邊低聲哼響的罪惡感，輕易就淡忘消逝了。」

從一隻美洲金翅雀的命危遭遇，就推斷目前鳥類的滅絕速度，這個被麥克法蘭形容為可能「較一億五千萬年鳥類進化史上的任何紀錄都來得

225

快」的速度，我是否會被視為情感太過脆弱、或者完全不具科學精神？

我不認為有什麼儀式能強大到足以將這等遺憾拋諸腦後。

但那隻小金翅雀……我原本有機會在一場抵禦死亡的小小勝利裡參與其中。

如果我專注於當下目標，之後是否就不會有遺憾？我們能築起一堵壁壘抵禦遺憾嗎？一個完全不受遺憾所擾的人生，你會視之為美善，抑或駭人？我們可會因為他人的選擇，而感受到深刻入骨的悔恨──為自己最親近或最相似的人，產生頂替或同感的遺憾？這種感受有用嗎？

不時有人會聯絡我，感謝我父親在過去的協助。有天，某個男子寫信聯絡我父親（透過我的電子信箱），感謝他在將近五十年前所做的事：「我從一九七〇年十二月便知道您的事，當時您採訪過我父親，他那時是美國戰俘，人在越南河內。我

那時十五歲，比一般少年更了解戰爭、外交政策及其中的影響與牽連。我很感謝您當初和他聯繫。」

這讓我對父親的職業貢獻充滿驕傲，但一部分的我仍希望，他能花點時間看看自己周遭，這樣他就不會把人生當成一場賽跑，直奔終點。我為父親感到遺憾——為了避免失望，他卻先用懷疑和恐懼為自己打預防針，這一針射穿了諸多人生遭遇，包括正面的情況。

過著自我防衛的人生，無可阻擋地穿越世界，我擔心這要付出代價，喜悅的代價。

我兒時曾經注意到，父親會在深夜裡和他的打字機搏鬥，他用文字抵擋攻勢。我不知道他在吵什麼，但知道爭吵持續不斷，有些事他勢必要說出口。而後在某天，爭吵結束幾個月後，一本書就誕生了。

即使現在，打字聲聽在我耳裡依然是生活的聲音，是家的聲音，是某樣遺失物的聲音。

我和父親如此相似，對此，我既珍愛又遺憾。

那天夜裡，我想像著一只盒子，想著有隻非常小的金翅雀雛鳥依偎盒中。我才意識到自己其實根本不必大費周章，只要把小鳥簡單地藏進灌木叢內，避開來往的行人腳步和小狗，牠的親鳥或許就能繼續照顧牠，直到牠能飛。我也可以通報公園管理員。然而，我卻仰賴別人來展現他的決定權。音樂家的不干涉態度凌駕了我，他聽起來相當有說服力。或許他可能真說對了。「金翅雀不是官方認定的關注物種，」他後來堅持：「這種鳥活得很好。要是換作是更罕見的鳥，像是機敏黃喉地鶯，我應該就會有所行動……但我還是覺得，人類無論如何都不該干預野鳥的生態。」

也許，對世間的無常，只要輕輕一嘆，而後繼續過日子會比較好。

但他也可能錯了。

「我們得努力找出最初的真實衝動，」威廉·肯特里奇（William Kentridge）在《六堂畫畫課》（*Six Drawing Lessons*）裡這麼說。我們太容易在逐漸退化、

不可靠的記憶中丟失了原本的激動。「最後徒留的，是近乎遺憾的東西。遺憾發生過的事，也遺憾自己未能牢牢捉住感受的無能為力。」

我問婆婆，她是否曾懷疑或後悔過自己的選擇。她說：「我從沒後悔過大聲說出自己的想法，雖然那有時對我並不利。我的選擇不是全都經過仔細思考，但想介入的那股衝動在我很小的時候就留下了印記，直到今日依然悸動著。」

接著她又補充：「我覺得，遺憾就像逝去的希望，而採取行動就能產生希望。」

我會把小鳥養在我房間，餵牠吃泡濕的種子和麵包蟲。這稱不上什麼英勇之舉，也可能只是小題大作。我可能冒著認真過頭的濫情風險，冒著嘗試和失敗的風險。

　　內心深處，我想我知道這個遺憾不算大，也沒有毀滅性。它微小、又易於控制，那不過是隻

幼雛，小得令人尷尬。這算不上危機。但我正是因為如此而遺憾。因為「就算我們不行動，小東西一樣會把自己照顧好」的想法，如今已不再真實了。

十月
疑問

更多隻鴨、
和一隻白鸛

藝術與鳥兒有必要的不必要，
尤其是在危急時刻。

我心不在

焉。現在是十月，當地球進入陰影的遮蔽，鳥兒在樹上對我大聲叫著。但我的心思沒有與鳥兒同在，我想著丈夫弓身在電腦前追蹤我們的友人在埃及遭到監禁已一個半月的消息。

這起事件一度登上國際新聞。兩名加拿大人為了人權醫療工作前往加薩，途中在埃及轉機時卻遇上埃及政府鎮壓抗議行動。詳細情況我不多說，但這兩位朋友目睹埃及軍隊屠殺手無寸鐵的抗議者；他們（一位加拿大籍製片與一位加拿大醫生）挺身協助傷亡者，卻為此付出代價。

他們在清真寺旁的臨時醫院忙了六個鐘頭，眼見寺內的地毯由綠轉紅。他們離開時，已見到至少四十人死亡。

新聞傳來幾則重要訊息：

> 和其他六百人未經公平審判即遭拘留……
>
> 三公尺寬、十公尺長的牢房內擠了三十八人……
>
> 他們展開絕食，向拘捕他們的專制表達抗議。

但我們還是有疑問。他們果真與其他三十六人睡在蟑螂肆虐的房內水泥地上？剛入監時遭受暴力對待的傷勢是否已經復原了？當我們為友人的身心狀況憂心時，大大小小的資訊傳到了我丈夫這兒，從監獄偷渡出來的信中記載了恐怖的細節。

我們這才發現，雖然類似的事件層出不窮，但未受直接影響的人並不會注意。屠殺和平的示威者、任意逮捕和無限期拘留、無辜者被塞進隱密的角落，消失在深淵般的未知當中。

我們在這段時日裡得到父親的支持。他提供建議做法以及他的記者人脈，詳細剖析新聞內容。他就跟平時一樣，在事態嚴峻時做好整備。他擁有我們沒有的智慧，戰地記者這個職業讓他經歷過政變、革命、大屠殺與種族清洗。

我記得在友人被監禁的那段時間，有一隻白鸛在埃及被捕獲遭囚，因為埃及軍政府懷疑「牠」是間諜。但實際調查後發現，白鸛身上所謂的間諜攝影機，其實只是法國科學家為研究鳥類遷徙模式所裝上的追蹤裝置。埃及軍政府的幻想程度再

創新紀錄，這點沒逃過我們的眼睛。

「他們很快就會被放出來嗎？」兒子每週每天每個小時地一問再問。

在多倫多的藝術圈、人權社團和醫療界的眾人串連下，我們傾全力爭取放人。如果當中曾有樂觀與希望的感受，恐怕多虧了這連串活動與愛的力量。

「『Coup 一政變』是什麼東西呢？」小兒子有天早上這麼問。他覺得，Coup 這個詞聽起來很甜蜜、舒服，就像小鳥的叫聲，咕咕。

我不知道該怎麼回答。身為家長，每一天都需要細微的精確，思忖該給予什麼，又該帶走哪些訊息。我很清楚，即使孩子能從容接受新知，面對世間疾苦，但這不代表他會無動於衷。對危機尤其敏銳的孩子，我該怎麼做？

「Coup 就是一八一二年戰役時，軍人拿來當頭盔

的碗，」大兒子說。這答案頗令人滿意。

小兒子跑去找哥哥尋求解答，這很尋常。我看過他在風雨交加的緊張時刻挨在哥哥身旁，像是躲在安全的罩頂下。無論什麼情況，他都會找哥哥解答，他需要哥哥的沉著指引，就像我需要丈夫冷靜、卻陽光的無所謂態度。我們每個人都有屬於自己的那顆北極星。

一個家庭的心靈就這麼達到微妙的平衡。

我對鳥兒的興致漸漸變淡。至少我感覺這不是我現在該做的事。我知道鳥兒並非無關緊要，牠們嘰喳不斷，像是在告訴我，或者至少聽在我耳中，牠們在說：站起來，看看四周，走進這世界。

但我覺得有些困窘，這感覺很快就演變成慚愧。某天早上，看著水塘裡的美洲木鴨，我汩汩流下眼淚。我冷得打顫，看著霧氣在水面上緩緩旋轉。我試著向音樂家解釋我的感受，告訴他鳥兒會分散我的注意力，讓我無法專注於那些更重要的事

情。他體貼地聽著，不讓我感覺自己緊張過度，也沒對歇斯底里的我翻白眼。

音樂家關注的事與我不同。他是音樂工作者，也拍攝鳥兒，創作真摯而溫暖的作品，但如果你問他對於與人相關的政治議題有何看法，他只會回說：「這不是我感興趣或關心的議題。」

但他仍能理解我那番話中的本質。至少，他很熟悉在這個混亂的世界，耗費個人時間去創作藝術──詼諧的藝術、美妙的藝術、柔情的藝術、無聊的藝術、猛烈的藝術、謙遜的藝術、高尚的藝術、存在的藝術、「政治」的藝術，或就我的情況來說，努力嘗試創作藝術的藝術──是十分受限、而且又自戀的行為。

先撇開聽似堂皇的辯詞，藝術提供的是另一套的價值系統，它的作用，姑且引述藝評家艾希勒（Dominic Eichler）所言，是「在一個荒謬的世界裡，扮演倔強不屈的良知」。我們都同意，就功能來說（替傷口止血、阻止海平面上升等），藝術毫無必要，通常也不具意義。但某些時候，這種「沒意義」非常好，甚至具備了意義，但其他時候仍不免令

人半信半疑。

所以，即使音樂家沒花太多時間去思考「我是為了誰、為了什麼而創作」的問題，他還是能了解我的意思：當藝術家並不會阻礙你執行公民義務。

但有件事確實困擾著我，那是一種人為刻意的感覺。專注於渺小細膩的知覺覺醒時，我就等於在表現出一種「欣賞大自然」的陳腔濫調行為。賞鳥的起源讓我尷尬不已，因為那當中充滿精英主義和優雅氛圍。就和西方大多數的休閒活動一樣，對於鳥類和自然歷史的研究盛行於維多利亞時期。不論是附庸風雅的自由文化，或是高高在上的消遣娛樂，兩者都浮現在一個真真實實的時代背景當中，那就是對外血腥殘暴的帝國主義，以及內部日益嚴重的不平等現象。當英格蘭本土和殖民地的多數人必須仰賴有限的資源求生存，而且擔心染上鼠疫和佝僂症，更別說還有土地與人身掠奪的同時，白種男性自然學家卻是在鄉間遊手好閒，蒐集鳥蛋和鳥類標本，為了眼前包羅萬象、色彩繽紛的野生動物而興奮。

如果透過望遠鏡來看生命，你的視野自然會偏狹。

獲知友人的拘留期在未經正式控告的情況下，可能會延長至兩年的那天，我查覺大兒子正在臥房外偷聽我們小聲的對話。由於我自己有偷聽習慣，所以知道他正在半掩的門外蒐集情報的模樣。他察覺我發現他之後，便悄悄溜下樓。

維多利亞時期的現實景況，有部分到了今日依然如此：忙著為生活掙扎奮鬥的人，不會為了美學樂趣而去賞鳥。

因此，對於大自然、對於美，社會上存有一個普遍、甚至單一的認知，那就是認為那是繁榮的承平盛世專屬；當世人都在受苦受難，你卻在沉思世界的表象之美，此舉在本質上是既卑鄙又逃避的行為。德國作家布雷希特（Bertolt Brecht）的詩作〈贈後生之輩〉（*To Those Born Later*）當中，正含括

了這樣的觀點。他寫道：「是什麼樣的時代，談論樹木幾乎成了一種罪行／因為這暗指了對無盡恐怖的沉默嗎？」（幾年後，攝影家布列松（Henri Cartier-Bresson）也附和：「這世界就快崩解了，亞當斯（Ansel Adams）和威斯頓（Edward Weston）這些攝影師竟然還在拍石頭！」）布雷希特的文字強調的概念是，熱愛大自然是一種中產階級式的奢侈，也是一種引人質疑的放縱。「談論樹木」，或參與特權階級所為人周知的自溺和自得其樂，那就是一種冒犯。

然而，鳥兒不會停止飛翔，藝術創作也不會停下腳步。友人在拘留期間也努力讓猶如三溫暖室的濕黏牢房更適合生活。他們巧手利用通心麵當漿糊，也作出鉤子好用來掛上個人物品。沉悶的牢中日子無聊到發慌，所以他們動手解決問題。他們設計出利用切開的汽水瓶裝進泥濘的冰冷尼羅河水，好用來淋浴。他們在夜裡舉辦講座，歡迎牢友分享各自的專業知識（「如何讓履歷加分」、「監獄題材的影片」），趕走絕望。他們不讓監牢剝奪個人的抒發、團結感和職業直覺。製片人在包裝盒的紙板上畫出三十四名牢友的肖像素描。他創作，因為他是藝術家，這正是藝術家會做的事。在此同時，那位醫生則忙著治療傷患的病痛，因為這

也正是醫生會做的事。

有天晚上，兩個兒子幫忙製作了一片針對埃及和加拿大政府的 Tumblr「肖像請願板」。他們想在呼籲釋放我們朋友的照片牆上加入自己的照片。

他們邊用吸管吸著檸檬汽水，邊畫出「**請釋放……**」等字樣。大兒子用一種慈父般的口吻說：「我們來加幾隻企鵝吧。」

「企鵝？」小兒子複述著，那語氣難以解讀。那可能是佩服哥哥的天才，也可能認為他在這節骨眼上表現出如此歡樂，根本就是愚蠢的行為。很難判斷究竟是哪個，我不知道他是不是這麼想。

幾個月後，我讀到羅莎‧盧森堡（Rosa Luxembourg）的資料。一九一六年，她因為涉及改革與反戰運動而遭到兩年半的「預防性」監禁。遭囚禁的羅莎特別喜歡觀察監獄高牆內外的鳥兒，或用眼看，或

以耳聽。她在寫給友人的書信裡提及她正在讀一份關於鳥類遷徙的研究，也描述了她和夜鶯、歐金翅雀、蒼頭燕雀以及藍山雀的相遇。羅莎敏銳的雙眼緊貼著鳥兒，她還對著一群烏鶇聽眾哼唱歌劇《費加洛婚禮》當中伯爵夫人的詠嘆調，藉此提振精神。在羅莎獨樹一格又絕不妥協的書信中，我看見她如何在自己狹小的牢房中勇敢、仔細地觀察世界，也看見鳥兒如何讓她顯微鏡般的雙眼變得益發銳利。

我也發現，有許多對於美的普遍觀念根本就是錯的——那就是認為只有有錢有勢的人，才能擁有對大自然的喜愛；又或者，喜愛微小事物的行為，既違背了對正義的熱情，對正受難的人或窮人來說，也是不對的，而且顯得自命不凡。羅莎的書信藉由展現大自然歷來能如何實現「人類自覺意識的潛在尊嚴和價值」，反對了這類的假設。羅莎・盧森堡並非天真；她認為美學經驗和感官享受與支持社會公義並不矛盾，她反而認為愛好自然是必要的——政治要能駕馭生命本能與美，而不是僅僅是個抽象概念。

　　我從羅莎・盧森堡的牢中窗子發現了一個框架，那當中同時含括了自然和政治、美善與良知，

還有小舉動和大行動。

我傾向誇大自家每個人的特質如何相互平衡，所以請容我稍作描述：大兒子雖然試著當個可靠的罩頂，但他並不完美。有時他會把自己收捲起來，不再提供庇護；有時他會呈現一副煩躁厭世的模樣，脾氣也變得古怪、易怒、或孤僻。

　　但在他有所保留的表象下，仍是一層厚實且無所不容的愛。我無法細數有多少回我見到他抱住弟弟──就像母親曾抓著我披風的模樣；也像我的製片和醫生友人的手足在他們遭囚禁時支持他們的模樣。

我發現，還有其他人也在獄中發展出對於鳥類的喜愛，從電影《終身犯》（*Birdman of Alcatraz*）裡的真人當事者，到「瓦爾堡四鳥人」都是。（後者是在德國瓦爾堡（Warburg）戰俘營中觀察鳥兒時結識彼此，他們後來成為英國自然保護運動的先驅。）我爬梳了囚犯的獄中書信和日記（包括前述兩者的），當中描述了停在

老舊監獄木梁上的雀鳥，在灌木叢中築巢的雪鷺，烏鴉一排站滿鐵絲網圍籬，以及斑尾林鴿飛過那沉重的鐵門。

鳥兒就等於他們對獲釋的深切渴望，以及盼求一個更美好、更遼闊人生的想望。

奧地利精神病學家，同時也是納粹大屠殺倖存者維克多‧弗蘭克（Victor Frankl）在《活出意義來》（*Man's Search for Meaning*）當中寫道：「重獲自由後，某天我穿越鄉間，走過繁花盛開的一片草地，一哩復一哩，我朝集中營附近的集市城鎮走去。雲雀高飛天際，我聽見牠們的歡樂歌聲。方圓幾哩內不見人蹤，唯有寬闊大地與蒼芎，雲雀的愉悅啼鳴，以及空間的寬廣自由。我駐足環顧四方，抬頭仰望天際，雙膝不禁跪落在地。」

連續幾天，我都在聽法國音樂家梅湘（Olivier Messiaen）的音樂。樂評羅斯（Alex Ross）巧讚，梅湘遭囚禁在德國哥利茲（Görlitz）戰俘營的期間寫出了「二十世紀最飄渺如幻的美麗音樂」。梅湘把遭監禁時聽到的鳥鳴符號化，再將之融入他的音樂當中。接續在刺耳不和諧的和弦之後，是一陣悠長的靜默。

羅莎‧盧森堡不是唯一遭囚牢籠中的愛鳥人士，但我卻在她的書信中尋得證實：鳥兒是必要的。儘管有許多重要的事情要寫——我在友人遭拘禁的期間深刻體會到這點——但鳥兒讓我繼續向前，就如同音樂讓我丈夫在疲倦和煩惱時繼續向前。我看著鳥兒，看著牠們恰巧出現的任何地方，看著甚至已見過千百次的鳥兒，牠們描繪出天空是多麼廣大，藍天多麼無邊無際，何等深邃，而非人類的世界又是多麼遼闊。我傾聽那些隱匿在屋簷下、樹叢中、地下通道內那不可見的鳥兒。牠們嘈雜而歡快的吱喳聲似乎變得益發堅定，彷彿要將自己放大，好與埃及的新聞形成對比。

「還要再兩天嗎？還是三天？一週？他們什麼時候能出獄？」兒子們問著。

這幾個星期，我聽著兩個兒子的對話，內心燃起一線希望。看見大家面對惡劣情勢時起身對抗，看見自己的父母對這件事採取行動；知道有他們的年紀能參與的「運動」，這些似乎減緩了他們

的恐懼感和宿命論。

於是，奇蹟中的奇蹟發生了，我們的友人獲得釋
放。經過五十天的無審判關押，他們終於獲准出
獄。

聽到這則消息時，我看見小兒子的目光驕傲地望
向那個他跟哥哥繪製的請願板。那片板子就靠在
廚房牆邊，上頭寫著**「請立刻釋放我們的朋友」**，
還有兩隻猶如圓點的藍色企鵝。

醫生和製片朋友回到加拿大幾個月後，我問他們
有沒有任何在牢裡聽見或看見鳥的印象。

以下是醫生的說法：「這問題問得好。但說真的，
我不記得了。我的監獄記憶中沒有這段。不過，
經妳這麼一問，回想當時狀況，我終於想起來。
我記得看見了鳥影，但沒聽到鳥鳴。而且不是
在第一所監獄（前三十天），是在第二間（後二十一

天）。我怎麼會看見牠們卻沒聽到聲音？這讓我覺得自己的記憶或許並不牢靠。」

製片人則寫道：「我不記得有鳥。我想應該是因為那裡有很多貓，非常多，全都是骨瘦如柴、動作敏捷的小野貓。牠們毛髮糾結，靠垃圾維生。每次只要有獄友跟家人會面後帶著雞肉回來，有隻小橘貓就會跳上來，緊挨著我們門上的鐵欄……到了第二間牢房，每次放風時大家會在走道遊蕩，望向牆後的高樓和陽台，期盼能看到一個活生生的人，幻想能跨越分隔彼此的半公里距離，以某種祕密暗號溝通——但陽台上卻從未有人影出現。我猜這就類似觀鳥吧，我們沒有望遠鏡，卻空等著，奢望能目睹一隻稀有鳥類現身。然後，某天，她出現了——一個戴著粉紅色頭巾女人，她洗碗洗到一半出來休息，站在屋頂上抽菸。另一個我們綽號叫閃閃的女牢友長得也像鳥，一隻發育中的笨拙大鴕鳥，還會啄我們。還有一隻鬧出新聞的鳥，一隻搞不清國際邊界有多麼複雜的白鸛。」

獲釋幾週後，製片人在一支簡短卻激勵人心的影片當中，展示了他在拘留期間繪製的一組《五十天的監獄阿拉伯語課》（*Prison Arabic in 50 Days*）字卡，作為回顧日記，說明這段日子儘管糟糕透頂，卻相對短暫。因為他們是西方人，他們的情況與前景都比埃及牢友幸運得多。友人將這段影片獻給支持他們的人，更是向眾多仍遭到監禁者的致敬。當中有一張字卡畫了支手錶，標上英文及阿拉伯文，「Khalas—Enough—夠了」。

那可怕的幾個星期可能讓我兩個兒子在心中產生出一股崇高感受，認為自己擁有政治遊說的能力。就算他們認為自己所向無敵，或相信創意之舉也能分飾兩角，成為行動主義者的策略，我也不會遺憾。毫不遺憾。

藝術是對身處逆境者的誘惑，而美則是瀕臨危急時的遁逃。我書桌抽屜裡，有一首美國女詩人芮曲（Adrienne Rich）回應布雷希特的詩：「這是何等時代」

我為何告訴你

所有事？因為你還在聽，因為在這等時代

為了讓你聽完，這是不可缺少的

關於樹的話題。

十一月
尾聲

鵲鴨、
長尾鴨、
一隻隼、
還有一隻遊隼

少了嚮導,學習放手,不再由他人帶領,
因為沒人真能給你一張指引人生的地圖。

殘存的幾片葉子似乎正扭轉

地抖動著，同時落下。我跟音樂家在漢波灣公園散步，走過一片蕭瑟、乾褐的草地、蒙塵的綠色植物，以及團團陰鬱的花叢。我能感覺到，這公園正把自己蜷縮起來，放慢脈動，收起調色盤的色彩，準備面對即將到來的寒凍。

我感覺到音樂家似乎在很遠、很遠的地方——他雖然人就走在我前方或身旁，卻心不在焉。過去這幾個月的相處，他從沒讓我感覺自己是不請自來，然而此時我走在他的影子裡，靜靜跟著他，看著他的頭隨著每個步伐輕點，像是在追尋心中思緒或歌曲的旋律。我感覺自己就像是個討人厭的跟屁蟲。

幾天前，他在電子郵件裡告訴我，他認為自己對賞鳥的興趣可能正在流失。我只當成這是他心情不好，只是賞鳥淡季後的症狀罷了。可是我現在懷疑，他是否真的沒了賞鳥的興趣。他漫不經心地朝一窩長尾鴨和幾隻鵲鴨比畫幾下，接著指向一隻停在街燈上正抖著尾羽的隼。他在扮演一個覺得索然無味、但又克盡職責的嚮導角色。

除了少數幾處例外，公園內幾乎一片荒蕪，也不見鳥蹤。這番景象毫無助益，只帶來一種空虛感，我內心開始呵欠連連。我失去的不只是一個賞鳥

夥伴而已。他的賞鳥熱情一度讓我對城市中的廢墟與荒地重拾信心。他為這片沉悶的荒蕪之地添上光彩，對著醜陋的公寓大廈和建築起重機四散的湖岸施加魔法。我曾仰賴他的熱情鼓舞自己，但他現在心在他方，我感覺這座城市失去了它童話般的光澤。

我感覺到音樂家散發的微光也減損了幾分，就像是有人將它調暗。他只是因為今天心情不好嗎？或者其實有嚴重的危機？人的熱情可以說散就散嗎？

我們走到湖邊，在湖畔待了一下，邊聊天，邊看著一對綠頭鴨沿著湖岸線漂游。他說在短時間內過度接觸鳥類攝影，降低了他的生活品味。（他說，這好比只跟喜歡「超級華而不實的商業音樂」的音樂家相處。）

他說他需要休息。

他還說：「我接下來要是還會帶著相機在多倫多遊蕩才奇怪。」

「我才不需要。」「特別的旅行可就不一樣了，那種旅行我就需要。」「鳥兒的生存空間越來越小，要在多倫多賞鳥只會越來越難。」「那

些鳥要準備飛走了。」

他的最後一個理由難以反駁，尤其是那天我們就身在新建住宅區的一片不毛之地，而且幾乎沒看見鳥兒。其實，他說的所有理由都是可理解的，只是他的口吻——強硬而防衛，否定得太過決斷——很沒有說服力。看著他的目光落在幾呎外正划著水的鴨子身上，我在他眼裡見到些許惆悵。「妳知道，」他嘆了口氣，「雖然就這樣結束了，但十年後我要是看到綠頭鴨母鳥羽毛上的紋路，卻無動於衷，那才奇怪。」

我們換了個話題，他提到自己重返錄音室錄製專輯。他很興奮，同時也有種「瘋狂感受」。他所有的精力全投入在喚醒自己的音樂靈感上，他雖然對自己的音樂抱持懷疑，卻依然勇往直前，盡己所能地努力化解掉腦海內的負面聲音。

這時我才明白，在我跟隨他的這一年來，多數時候，當我們分享彼此對藝術的看法時，我談到鳥兒是如何以牠們的方式融入我的作品，而他卻貶低自己的音樂，彷彿那根本不存在。而現在，他

將自己的感觸反饋到音樂裡，重新踏進那片雖然黑暗但又微微發著光的創作之地。他正抹去鳥的蹤跡，逆風飛行。

也許他一次只能熱切專注在一件事情上。或者他只需要一項熱情，好去感受宇宙的秩序和意圖。音樂家解釋說，鳥兒和音樂只是兩個能互通的轉移注意力的方式，也是他「消磨時間」的方式；對於這個說法，我不是太相信。這兩者真的只是形式相通、卻各自有別的「抗死亡藥方」嗎？他當真這麼認為？人生的主要動力，真的就是為填補「生而為人」所留下的空洞，好讓自己擺脫生命核心本質當中的哀傷？除了因為能從中找到慰藉，難道他就不需要音樂和鳥兒了嗎？賞鳥不是也有知識、生態和想像力的因素在當中嗎？

看見音樂家再度找回自己的音樂，我為他開心，也為他加油。但對於他興致勃勃的話語，和他猶如傳道般發亮的眼神，我在開心之際卻也感到憂心。我好奇他是否能守住不取悅他人的態度來製作專輯；他能否不受外在影響地完成專輯，在遭受批評時不氣餒，受稱讚時也不拍振雙翅狂喜高飛？我希望他能將賞鳥的美好——那種自由、舒暢又快樂的感覺——轉化到他的音樂裡。

對我而言，不論過去或現在，我都不認為賞

鳥和寫作是能相互替換的。賞鳥和寫作相反，它讓我逃離每天在創作時想破頭的困境，它既愉快且必要。它讓我能輕鬆堅持下去，它讓鳥兒、人群和時光的川流將我包圍。只要我靜靜站在這川流之水當中，原先充斥在我人生當中的那些難纏焦慮，就得以平息。

音樂家和我沿著水濱的棧板道走回去，來到一片名為向陽灣（Sunnyside）的沙灘。這片沙灘在一九二二至五五年的全盛時期，曾是多倫多的節慶活動中心，會舉辦球類運動、搭建舞台演出爵士樂、走鋼索秀，甚至曾有一座全年無休的遊樂園。向陽灣一度是多倫多人休憩的好所在。

但我們遺棄了這片大湖灣。多倫多人迎合了當時正興盛的汽車文化和高速公路建設，公路將這片水濱地帶一分為二，劃開了沙灘公園的占地。我們將這片沙灘和城市其他區域隔絕開來，反而開始往北尋找「更真實、更野性」的大自然。在我們荼毒湖水的同時，向陽灣也逐漸變得沒落，乏人問津。

我不知道走過向陽灣時，自己能否無感於那

些幻夢殘存的幽魂。「曲終人散」的氛圍瀰漫此地，尤其是在冷寂的冬季月份。我在歷史久遠的向陽灣浴場內就能感受到這種氛圍，這裡有碩大的廊柱和古典的拱型大門，猶如一個被摘掉后冠的選美皇后。門面上剝落的油漆及灰泥讓它更顯暗淡，被人冷落一旁。這地方彷彿是為了歷史電影或哀悼之念而設計。

在那個寒冷的十一月午後，我站在棧板道上俯瞰著荒涼的湖畔沙灘，想像一群喧鬧的泳客正爭奪著一小塊陽光。我想像戴著草帽和身穿及膝泳裙的男男女女，我想從這褪色的歡樂建築中召喚出魔法──一團飄起的氣球，遊樂園的工作人員喊著：「靠過來，小朋友，第一顆氣球免費。」但我最想見到的是鳥，一隻能讓這一天不那麼貧乏、讓這地方不那麼空洞的鳥兒。我和音樂家最後一趟賞鳥路程就快結束了。

這時，音樂家突然離開棧板道，朝湖邊走去。他抄捷徑走到為泳客撫平浪潮的水泥消波牆。我趕緊跟上，看見岸邊有幾隻沒繫腳環的黑嘴天鵝，但音樂家視若無睹，繼續向前方那烏鴉大小的奇怪側影走去。那是鸕鷀幼鳥？或是我們先前看到的那隻隼？

以上皆非。在我們眼前的，是一隻遊隼。

遊隼位居食物鏈頂端，是地球上行動速度最快的動物，能以三百二十公里的時速撲向獵物。牠就在那裡——一隻幾乎被 DDT 殺蟲劑效應給消滅殆盡的鳥兒；一隻多虧了一九七〇年代的復育工作才教人難以置信地重生的鳥兒；一隻喜歡棲息在高處、會從懸崖上或摩天大樓的窗沿偵查獵物的鳥兒。牠，就在我們的視線高度棲息著，就在那堵水泥消波牆上。

　　一種奇特而古老的沉靜，令人目瞪口呆的怡然。這是遊隼的靜止感，那種出現在衝入天際、氣勢磅礡的有力飛行後的靜止感。我舉起望遠鏡，看著牠灰藍色的背部、帶有條紋羽毛的胸口；牠黃色的腳爪立在單調的水泥上，更顯亮眼。我印象最深刻的是牠的節制，還有那漠然又疏離的靈氣。

　　我放下望遠鏡，發現音樂家此時已不在我身旁。我原先相信這位對賞鳥的熱愛已然逝去、轉投其他領域的嚮導，此時竟然踩進冰冷又混濁的湖水裡。他站在那兒，就在幾經修復而逐漸復原的湖中。望著他執拗地朝那隻遊隼走去，穿著皮鞋的雙腳瘋狂踐踏出水花，我眼裡出現一股微刺的灼熱感。

我知道，這隻遊隼並不是為了象徵希望或重生才出現在那兒。如果說牠當真帶來什麼寓意，那寓意必然錯綜複雜、述說著人類破壞大自然的循環：衰減、失敗、修復。在我的百感交集之中，有一扇通往理解的小門，還有一個邀請，要我感受作家兼行動主義者蕾貝卡·索爾尼 (Rebecca Solnit) 曾形容的意識，一種對「失落的兩種分流」的意識：一方面，一隻起死回生的鳥種出現在一座復原後的湖邊，這表示事物得以免於消亡（脫離瀕危邊緣的物種）；另一方面，當中還有那些與「消逝後就不再復返」的事物的拉扯力量。

生與死，存活與滅絕，常見與稀罕，強壯與凋零。我逐漸理解，賞鳥就是去維持兩個對立面之間的張力。它能引發雙重感受（既鼓舞人心，也讓人喪志），尤其是在自然景觀被現代化摧殘得幾近消失的一座城市裡。在這兩者中，是一個希望與絕望交雜的空間。

我在跟著音樂家賞鳥的這段過程中體會到，美可能存在於傷痕累累、格外不純淨的地方。我見證過諸如都市化、人類疏遠了大自然等司空見慣的故事，如何經過「再野化」的行動而重新改寫。

我曾遇見都市賞鳥人士和地方保育分子，他們用不同的聲音為環境發聲，而這聲音，正如作家娜歐蜜·克萊恩（Naomi Klein）所言：「對傷損殘破說話，而不是只對漂亮又完美的事物。」這聲音環顧了這座城市裡最骯髒、最殘破的地方，然後說：「這裡仍有值得我們去愛的事物。」

我發現，賞鳥並非天真浪漫或俏皮可愛的活動。它無法給人帶來感性的大自然概觀，更不能讓人逃離意識。事實上，正好相反。在等待的寧靜片刻，或走在杳無人煙之地、步入城市裡無法否認的破壞、醜陋的荒地時，我偶爾會感受到孤寂直搗心靈。為何有人想要這種體驗？但同時，在捕捉到生命的燦爛、與陌生人分享所見當中，無疑也能鼓舞人心。而眼見空中飛鳥不停歇的動作，耳聽常見鳥種的緊張啼鳴，亦是一種恩典。在最寒冷的月份，當陰鬱是理所當然、甚至是宿命注定如此之際，能看見鳥兒發揮創意，與這般陰鬱唱著反調，很好。

溼冷寒氣滲進了骨子裡，我們決定離開。原本蹲伏沙灘上拍攝遊隼的音樂家，這時也收起相機。我們往北走，離開湖邊，走過湖岸大道上的行人

橋。橋上輪胎轉動聲響隆隆，橋欄杆的矩形間距
明亮，而分隔了我和天空的那道金屬橋拱，感覺
也異常地輕盈起來。

回到家後，我打電話給父親，連撥兩通，才跟剛
沖完澡的他講到話。我們一如既往，對話簡短，
彼此交換消息，大消息，小消息。戰地老記者對
這世界的關注是不會停止的；當衰老與疾病對父
親傷害最甚的時刻，真正拯救他的，是他對頭條
新聞的無盡好奇心，以及自我渺小能與廣大格局
有所互補的感受。父親用這種方式激勵我。就算
我們的對話越來越常出現停頓與空白，或是我感
覺出他在交談中努力思索，當他與自己流失的話
語搏鬥，卻依然一無所獲——這些都沒關係。即
使他忘記「停火」和「制裁」等字眼，或想不起
他擔任外派記者曾造訪過的國名，這也無所謂。
是的，這個曾經燃起我對語言熱情的人的自己正
在滴點流失，然而重要的是努力的那份心。我父
親是個倖存者，是在德軍閃擊戰下誕生的工人階
級孩子，曾躲過無數難關。他就跟尋找同義字、
學習熟練建構語句的口吃者一樣，我感覺到他在

字句縫隙之間跳著舞。

父親是個永不鬆懈的嚴謹之人。在電話裡聊天時，我知道，無論他坐在小公寓內哪個位置，是靠窗的沙發或那張桃花心木老書桌前，父親必定打扮得體，鬍子刮得乾淨，頭髮梳得整整齊齊。在他的廚房內能看到疊得整齊的盤子和乾淨的杯子，衣櫥裡則是疊放妥當的毛巾和折好的床單。

我在自己和親近的人身上也看到同樣的 DNA。一旦遭遇到猶如惡作劇、要絆倒我們的無數外力時，我知道我們會擺出勇敢、有創意，有時卻無用的小小姿態。人生就是這樣，總是充滿令人窘迫、司空見慣，偶爾可怕的種種難關。我們若是幸運，就能先觀察他人是如何挺過來的，並從中學習，面帶微笑，屹立不搖；如果我們幸運，會在適應的洪流中學會生存，在這雙重性中，在輕鬆與艱難之間，閃閃發光。

父親的人生曾經踉蹌而後回穩，一度衰頹卻也復而茁壯。即使在他最脆弱之際，在他非常依賴我的時刻，我也同時依賴著他。對我們這兩個生性驕傲（從前是、現在亦然）卻痛苦的獨行者來說，這

別具意義。

那天和父親結束通話後，我找到他在我七歲生日時送我的那本海軍藍色的牛津辭典。我查了遊隼的「遊—peregrine」一字，意思是「有漫遊之傾向」。

這個字完全符合遊隼的特性，牠們以雲遊四海著稱。但這個詞或許也很適合我，以及我正在寫的這本書——述說著小小迷失的書，述說著於內、於外都浪遊到了生命邊緣的書。

音樂家寄來我們看到的那隻遊隼的照片，他仍舊為當天的情境興奮不已。他的興奮讓我不禁好奇，他的「賞鳥興趣推翻論」是否只是個詭計。

於是我明白了，也許他只是要放手讓我走。以傳統好萊塢電影情節來說，我想這就是我們各自小小的《天生小棋王》(*Searching for Bobby Fischer*) 或《小子難纏》(*Karate Kid*) 時刻，是師父要讓徒弟離開了。也許我的嚮導（他從來不找助手、從來不指導我該讀什麼，他從不明確指導我什麼）正因此創造出一個讓我能引

導自己的局面。

以下是音樂家直接或間接教會我的事：

一、活著沒什麼大原因，只有小理由。

二、給機會留點餘地。有時你不想被逼入絕境，但有時人生正是在迷途或繞道之際才真正展開。

三、最美妙的樂音不見得都來自能明確定位的所在。有時，這聲音無所不在地從各處傳來，例如在停車場底下，那些在漫長隆冬中懸浮著的錯綜複雜的聲音。

四、賞鳥不只是一種活動，更是一種性情。對美敞開雙眼、耳朵和心靈，在尋常之處尋覓鳥的蹤影，例如速食店旁、小停車場裡。

五、一雙好鞋能帶你走遍天涯海角。

六、別帶多餘的東西。

七、走一段穿越公園的美好漫步就已足夠。漫步城市各處，你會發現，無須竭力登上聖母峰，也不必辛苦到達卡拉馬祖 (Kalamazoo)，才能稱為有成果。

八、無人能真正給你一張指引人生的地圖。但我
　　們也許心中仍會期望真有這種地圖，心想，
　　要是真有這樣的人或這樣的書該多好，能幫
　　你羅列出該做與不該做的事；可靠地指引哪
　　些路能走或不能走，而哪些地方最好繞道而
　　行。照著這樣做，照著那樣活。

音樂家真正教會我的，是最好的老師不會高高端
坐在大師寶座上，只拋出閃人眼目的答案。他會
在你深陷爛泥時與你同在：往前跨步，摔跤，弄
得滿身泥濘，讓問題變得更有深度與生氣。

我很感謝這段和他共享的時光。我知道自己不是
唯一受他影響的人。音樂家改變了我們看鳥的方
式。幾年前，他和女友難堪地分手後曾自憐地對
她說：「妳之後永遠不會記得我了。」她回道：
「你錯了，你送了我一份禮物。以前，我不會注
意鳥，但現在我想我真的愛上鳥兒了。」

當他告訴我這段故事時，我心想：現在我也覺得，
我真的愛上鳥兒了。

冬

十二月
結語

論生命的長遠，感覺既渺小又富足

——鳥、藝術、愛與死的一生。

多年前，

父親在我婚禮前夕給了我一只漆器盒子，盒裡裝著一張黑白照片。那照片中，是父親望向看似月球表面的背影。

照片背面寫了一段文字：

這張歷史性的照片拍下了恐怖與幸福並存的時刻。一九六九年九月，我從越南河內來到南方邊境，是電視新聞特派員的第一人。我眼中所見的景象，西方人恐怕不會相信，一個徹底被炸毀的農村，看起來就像月球表面的隕石坑。回到河內後（我在夜間行動，以避免遭轟炸），我發誓，自己有朝一日一定要做一部越南歷史的節目，好「修復」眼前所見的破壞。返抵河內的同一天，我接到了永遠改變我一生的好消息：媽咪發了一則電報通知我，妳即將降臨人世！

丈夫覺得這個結婚禮物很有意思，卻也有點奇怪。一來是這張照片——地上盡是炸彈炸出的黑色坑洞；二來則是這個精緻的漆盒——盒子上鑲嵌精巧的珠母貝，讓我想起父親簡單卻優雅的品味。恐怖與幸福兼具。不過，我觀察父親多年，絲毫不覺得這禮物有什麼奇怪，也許真有點特別，但絕非有違他的性格。

婚後的流年歲月裡，我不斷回頭去看這只漆盒。它似乎以一個紀念物的型態，傳達出一種真實感：人生是鍋大雜燴，混雜了各種矛盾的元素。

父親向來會受人生的「坑洞」吸引。曾經身為戰地記者、日後又擔任紀錄片製作人的他，這輩子就是不斷去做正常人恐怕會敬而遠之的事——他逕直衝向災難現場。當其他人會移開視線時，他面對前方。

他之所以選擇戰爭，是因為戰爭讓他得以踏進一個極具意義的敘事當中。他選擇戰爭，是因為戰爭有精彩的故事、蘊藏了同袍之愛，也因為他認為自己有能力改變情勢。又或許是因為他從戰爭

的殘酷當中，清楚看見了生命的殘酷。或者，他之所以選擇戰爭，也可用佛洛依德的好夥伴、精神分析學家厄尼斯特・瓊斯（Ernest Jones）的一句話總結：「比起內在的險境，人類的心靈更能輕易地承受外在危機。」在遭受德軍閃擊期間，倫敦人的自殺率和心理疾病發生率明顯降低，瓊斯認為這就是最佳佐證。

我不知道為何本性溫和又愛好和平的父親會選擇戰爭；但我知道，這個選擇鑿刻出了他在性格上的不同面貌，也形塑出他對於人性的觀點。他從容優雅地接受了失落與憂傷，卻從沒學會如何接受幸福。父親的這些態度暗暗藏進了我的血脈當中，他將言語藏進了我的腦袋。我依循著他的腳印前進。選擇一種敏銳而防衛的謹慎心態，要比選擇模糊而脆弱的期待心態安全得多。父親教我要先在腦海中預想最糟糕的狀況，這就是得以存活的方法。危險和不幸，失望與難堪，時時刻刻都在暗處埋伏。

但是當父親的病況證實了他和我的悲觀時，只問「要如何繼續活著」，似乎已經不夠。更重要的問題是：你要怎麼活？

每次和音樂家去賞鳥時，我心中總想著「活著」
這件事。它就出現在我父親疾病陰影的對立面。
此時情緒的明暗對比，打亮了鮮少閃現在我人生
當中的意識。鳥兒圍繞在我們頭上、在我們四周、
在牠們彼此的身旁。我學會傾聽牠們。開心點，
振作，振作，旅鶇用牠們的知更鳥腔調喊著。小
鳥，小鳥，小鳥，北美紅雀像是要提高賭注般叫
著。

我在寫作的此刻也正聽著牠們的鳥語。有時真是
不可思議，牠們發出的嘈雜聲，竟像在對抗社區
裡的其他噪音。突然，所有聲音全都靜默下來，
一陣單調的空瓶哐啷聲響傳來。我往外一望，看
見一個身穿羽絨外套、戴著毛帽的亞洲老太太正
在街上推著一台裝滿空瓶的小車。去年她給了我
們一株蕃茄苗，答謝我們將空瓶擺在門外讓她回
收。哐啷，哐啷，老人推著小車，拖著裝滿空瓶
的袋子的聲音，就這麼持續一整天。

鳥兒告訴我：別擔憂，有時從更大的格局來看，
壓制著你的憂慮就顯得微不足道了。牠們說，即
使浩瀚的世界貶低你也無妨，有些輕視和削弱能

使你更強壯，更溫柔。

我父親教我要預先做最壞打算，但他也讓我無懼於踏入未知的狀況。那些讓你了解生命的苦楚、教你地面也可能不穩固的坑坑洞洞都能給你勇氣。對我來說，這些坑洞就是一扇讓我成為寫作者的大門，也成為一名看到自己的小兒子也沒擺脫這種遺傳的母親。

「如果我還有力氣，我最後想製作一部關於越南的紀錄片，」我父親最近告訴我，「要以胡志明小道（Ho Chi Minh Trail）為背景。」

他解釋，五十年前，美國戰機曾朝胡志明小道丟下無數炸彈，如今，該區在鄰近柬埔寨、未受波及的偏遠地帶，已成為瀕危野生動物的庇護所。老虎威風凜凜地在過去滿載武器的北越卡車曾行駛過的路上徘徊；象群帶著小象，踏過轟炸後留下的大坑，前往叢林的水源喝水；稀有鳥類和猿猴在當年越共為躲避美軍偵察機而偽裝藏身的樹頂上發出啼鳴。其他地區的村民則將這些坑洞變為魚池，也當成儲注地下水和雨水的小水塘，供生活之用。

「那紀錄片將是一個關於復原的故事。」父親這麼告訴我。

樹上結著冰霜，鳥兒蓬起羽毛保暖。我想，我父親在另一世可能曾是研究鳥類的學生。我有時會見到他站在窗邊觀察鳥兒。

我跟家人在城外的一座小鎮跨年。我們往森林去，繞著圈圈走，在鬆軟雪上留下腳印。披著大衣，顯得鬆垮又臃腫的大兒子在一片空地上踩出自己的名字。小兒子穿上滑雪板，從小丘上衝下來，接著又衝下另一座，飛快地衝破他的游移不定。這森林很小，空間受限，所以我們沒多久又滑向另一處空地。我們在那兒看見烏鴉在頭頂上陡然飛落、互相爭鬥。當烏鴉盤旋到遠處時，我們瞥見了一片無限——天空向外延伸，越來越遠，串聯起一個又一個區域。那是我在最後降落之前，兒時曾經穿梭（從英格蘭到日本再到加拿大，然後又往返）的天空。

　　我這輩子幾乎都住在多倫多。這座城市就

跟大多數的城市一樣，僅透過市內公園與大自然維繫著既粗淺又冷漠的關係。我和這座城市的關係一向疏離，直到不久之前才有所轉變。我好奇兒子們將來是否會用不同的方式來描述這裡——可能是用一種只有在提到家鄉時才會有的真切語氣。我好奇鳥兒是否會幫助他們，讓他們對自己身處的土地有歸屬感。但願如此。

有好一段時間，我沒有向任何人透露自己正在撰寫一本關於鳥的書。我有時會稱這本書是「一項計畫」、「寫作的點點滴滴」，視心情而定；還有最後一種、可能也是最貼切的說法，是「一本素描書」。

當最後我說出這本書的主題時，我很訝異有許多人也對賞鳥充滿熱情，和我分享了他們的小線索或是故事。看樣子，我身邊每個人都是賞鳥人；他們向天空致敬，安排時間享受賞鳥之樂，願意繞道、停頓和一時興起。他們是人生經歷、好奇心和創造力的遊牧民族，他們對小地方的關注出乎我意料，也教我感動。

我好奇，是什麼將這些人串聯起來？難道他們有

共同的特質？莫非他們擁有特殊的視覺能力——類似鳥類的全光譜視覺，能在朦朧中看見隱藏的路徑？我瀏覽著名的賞鳥專家傳記，尋找線索，想尋找觀點和意圖的共同之處。

我發現，有些賞鳥人關切鳥類每年的遷徙，有些則研究牠們斑斕華麗的外觀，也有人是為了創作而研究鳥。有些人從小就開始賞鳥，有些人則是在日後年歲中才意識到鳥兒。

他們是詩人，是自然主義拉拔長大的成人，是善於觀察的孩子，是重獲機會的不良少年；他們曾是戰俘，是業餘鳥類學家，是和善的獵人。他們一頭栽進鳥的世界，讓鳥兒滲入自己的基因；他們是無根的移民，是富裕的業餘愛好者；他們是環保運動人士，是常搭飛機的有錢旅人；他們用空瓶換來望遠鏡。他們曾經失落，盼望著超脫，想知道該如何讓這一生過得最精彩。鳥兒對著他們說話——對著他們注定憂鬱以及飽含希望的部分說話。他們擁有某種獨特的孤獨；他們愛好交際；他們已經找到人生的慰藉。

那些我在書頁中和這世上遇見的賞鳥人，幾乎沒

有共通點，唯一例外是這個最簡單的祕密：如果你豎耳傾聽鳥兒，那麼，每一天，你都能從中發現一首歌。

為鳥癡狂

李奧納多・達文西 (1452-1519)

達文西留下知名的《鳥類飛行手稿》（*Codex on the Flight of Birds*）；他觀察鳥類的飛行動作，藉以了解機械飛行。他也是眾所皆知的動物權利保護者，經常光顧佛羅倫斯市集，買下籠中鳥放生。

查爾斯・狄更斯 (1812-1870)

他有一隻鐘愛的寵物渡鴉，名叫「抓抓」，常客串出現在狄更斯的小說裡。據說抓抓也是愛倫坡的敘事詩作《渡鴉》（*The Raven*）的靈感真實來源。

威廉・福克納 (William Faulkner, 1897-1962)

福克納是鳥蛋收藏家，他會隨身帶著一塊麵包，隨時餵鳥。他說：「看著鳥兒讓我心情愉快。」

喬治・普林頓（George Plimpton, 1927-2003）

一人分飾多角的他，既是記者、編輯，也是厲害的業餘賞鳥愛好者。他坦承自己的賞鳥能力與背景「不怎麼完整」。「身為賞鳥人，我常把自己當成音癡，雖然只上過幾堂長笛課，但吹得可開心了——吹奏的時候或許很開心，但成果怎麼樣就不好說了。」

羅莎・盧森堡（1871-1919）

人稱「愛鳥革命家」，她堅持自己能聽懂鳥語，還表示：「我以世界為家，這家裡有白雲，有飛鳥，還有人類的眼淚。」

芙蘭納莉・歐康納（Flannery O'Connor, 1925-1964）

她曾在位於喬治亞州的自家農場中豢養上百隻的孔雀（同時還有母雞、和鴨鵝）。她在《百禽之王》（The King of the Birds）一書中描寫了她的孔

雀。這本書是對「觀察的藝術」的冥想，幽默地以一個愛好自然者關注於細節的風格陳述，同時也帶有她的謙遜：「關於這種鳥的真相，實在難以一語道盡。」

約瑟夫・柯內爾 (Joseph Cornell, 1903-1972)

是位敏銳的自然愛好者兼賞鳥人士，他常以拼貼或製作標本的方式，將鳥兒放入他的裝配藝術創作中。

艾瑞斯・梅鐸 (Iris Murdoch, 1919-1999)

布克獎得主兼鳥詩人，著有《鳥之年》(*A Year of Birds*)。她將自然寫作視為作家的自我治療。她說：「我焦慮與怨恨地望著窗外，忘卻周遭環境，沉思於某些有損我名譽的事。

突然間，我注意到一隻隼正盤旋空中，那一瞬間，一切全變了。本來正陷入沉思的自我和遭損的虛榮心消散了。那一刻，除了隼，我不做他想。而當我回頭再去想那件事時，那似乎已不重要了。」

貝托爾特・布雷希特（1898-1956）

在柏林的慈愛醫院（Charité）走
完最後幾個小時的人生路時，
他從鳥兒得到了慰藉。布雷
希特把最後一首詩，獻給了
他望出窗外見到的烏鶇。他

接受人類終將化為「虛無」，體會了安詳的最終
時刻，想像著每一隻會來「找他」的烏鶇的歌聲。
他對持續運轉的世界敞開了心房。

鳴謝

多虧以下幾位編輯的善心和貢獻，這本書才得以順利完成：加拿大 Doubleday 出版社的 Martha Kanya-Forstner、Scribner 出版社的 Kathryn Belden 和 4th Estate 出版社的 Louise Haines。Martha，妳的深切關懷和美麗心思，讓這本書的美好難以計數。Kathryn，妳的編輯智慧和了不起的藝術天賦及對話，從一開始就讓我受益良多。Louise，能與妳合作真教我感到榮幸和開心。你們的支持，我永遠感謝不盡，但我會努力繼續感謝下去。

我真心感謝我的經紀人兼頭號讀者：Jackie Kaiser，更重要的是，妳是我親愛可靠的好友，我愛妳，JK。妳在 Westwood Creative Artists 的同事們，也從多方面不斷支持我，我要謝謝 Liz Culotti、Jake Babad、Meg Wheeler，尤其感謝 Carolyn Forde 為本書所做的行銷宣傳。

謝謝你們：

感謝 Doubleday 出版社所有可愛的朋友：Amy Black、Bhavna Chauhan、Kristin Cochrane、Kiara

Kent、Melanie Tutino、Tara Walker、Ward Hawkes、Susan Burns、Scott Sellers、Shaun Oakey、Carla Kean、Val Gow、Jennifer Griffiths、Mary Giuliani、Robert Wheaton、Ashley Dunn，最後（但不是最後一次）我要感謝的還有出色的文學夥伴兼藝術指導，神奇的 CS Richardson。

感謝 Scribner 出版社的超級團隊：Kate Lloyd、Sally Howe、David Lamb、Daniel Cuddy、Ashley Gilliam、Julia Lee McGill、Kara Watson、Elisa Rivlin、Nan Graham、Roz Lippel、Colin Harrison、Susan M. S. Brown。我還想向設計師 Jaya Miceli 和 Erich Hobbing 深深一鞠躬。

感謝 4th Estate 出版社的超強組合，特別是：Sarah Thickett、Michelle Kane 和 Tara Al Azzawi。

感謝 Allyson Latta、Liz Johnston、Stephanie LeMenager、Stephanie Foote、Sara Weisweaver 和《磚：文學期刊》（*Brick: A Literary Journal*）和《復原力：環境人文期刊》（*Resilience: A Journal of the Environmental Humanities*）的編輯，讓我擷取部分元素運用於本書。

感謝多倫多藝術協會（Toronto Arts Council）、加拿大藝

術發展協會 (Canada Council for the Arts) 、安大略藝術協會 (Ontario Arts Council) 和查爾姆斯藝術獎學金 (Chalmers Arts Fellowship) 在創作和資金上的支持。

感謝墨水供應商 The Toronto Ink Company 的 Jason Logan，他從街頭採集的顏料深獲我心。正如他說，墨水的顏色都是來自「街道、後巷、多倫多公園，都市中時而被忽視的樹木、雜草及植物」，對於創作一本都市大自然書籍的都市混血女孩，這可是最完美的顏料。敬邀各位造訪 www.jasonslogan.com，瞭解詳情。

Ali Kazimi、Richard Fung、Stephen Andrews、Tarek Loubani、John Greyson、Mike Hoolboom、Brenda Joy Lem、Su Rynard、Michael Barker、Pamela Brennan 和 Catherine Bush，感謝你們分享藝術、行動力、對鳥的熱愛和持續不斷的鼓勵。

我最親愛的家人朋友，他們的陪伴和幽默感讓一切成真：Nancy Friedland、Naomi Klein、Kelly O'Brien、Brett Burlock、Avi Lewis、Terence Dick、Naomi Binder Wall、Eliza Burroughs、Hiromi Goto、David Chariandy、Tara Walker，叔叔 Andrew 和 Robin，我兒子 Yoshi 和 Mika，我父母 Michael 和 Mariko。還有我丈夫

David，我用滿滿的愛，將這本書獻給你。

最後，要是沒有這位風趣又熱心的賞鳥嚮導 Jack Breakfast（「音樂家」，或是 David Bell），這本書就不可能完成。他的鳥類攝影讓本書增色不少，請大家參觀他的網站，探索他的創作：www.smallbirdsongs.com。

我會永遠感謝你的友情與信任，JB。套句你動聽的話：「只要愛！永遠向前。」

引用版權出處

五月──挫折

Untitled (Swedish Fall) (1971/2003) Bas Jan Ader © Estate of Bas Jan Ader / SODRAC (2016).

《瘋狂、煎熬與甜蜜：演講集》（*Madness, Rack, and Honey*）摘文：
Copyright 2012 by Mary Ruefle. Reprinted with permission of Wave Books.

十月──疑問

〈贈後生之輩〉（*To Those Born Later*）詩句：
"To Those Born Later," originally published in German in 1939 as "An Die Nachgeborenen." Copyright © 1976, 1961 by Bertolt-Brecht-Erben / Suhrkamp Verlag, from BERTOLT BRECHT POEMS 1913–1956 by Bertolt Brecht, edited by John Willet and Ralph Manheim. Used by permission of the Liveright Publishing Corporation.

「這是何等時代」（*What Kind of Times Are These*）詩句：
Copyright © 2016 by the Adrienne Rich Literary Trust. Copyright © 1995 by Adrienne Rich, *Collected Poems: 1950-2012* by Adrienne Rich. Used by permission of W.W. Norton & Company, Inc.

鳥類譯名對照

大白鷺 Great egret

小天鵝 Tundra swan

小黑頭鷗 Bonaparte's gull

山雀 Chickadee

山齒鶉 Northern bobwhite

三聲夜鷹 Whip-poor-will

小藍鷺 Little blue heron

大藍鷺 Great blue heron

中杓鷸 Whimbrel

木鴨 Wood duck

北方山雀 Boreal chickadee

北美旅鴿 Passenger pigeon

北方塘鵝 Northern gannet

北美紅雀 Cardinal

北美黃林鶯 Yellow warbler

北美黑啄木 Pileated woodpecker

北美鷿鷈 Western grebe

北琵嘴鴨 Northern shoveller

卡羅葦鷦鷯 Carolina wren

白冠水雞 Coot

白喉帶鵐 White-throated sparrow

白頭海鵰 Bald eagle

白鷺 （屬） Egret

白鸛 White stork

交嘴雀 （屬） Crossbill

百靈鳥 （科） Lark

呆頭伯勞 Loggerhead shrike

角百靈 Horned lark

赤頸鷿鷈 Red-necked grebe

角鷿鷈 Horned grebe

赤膀鴨 Gadwall

夜鶯 Nightingale

夜鷺 Black-crowned night heron

孟加拉十姊妹
      Bengalese society finch

東草地鷚 Eastern meadowlark

披肩松雞 Ruffed grouse

東菲比霸鶲 Eastern phoebe

長尾鴨 Long-tailed duck

星雀 Star finch

疣鼻天鵝 Mute swan

紅翅黑鸝 Red-winged blackbird

美洲家朱雀 House finch

美洲黑羽椋鳥 Common grackle

美洲麻鷺 American bittern

美洲金翅雀 Goldfinch

家麻雀 House sparrow

庫柏鷹 Cooper's hawk

旅鶇 Robin

針尾鴨 Northern pintail

原野雀鵐 Field sparrow

烏鶇 Blackbird

雪鵐 Snow bunting

雪鷺 Snowy egret

斑尾林鴿 Wood pigeon

斑背潛鴨 Greater scaup

黃胸草鵐 Grasshopper sparrow

黑喉漠鵐 Black-throated sparrow

棕煌蜂鳥 Rufous hummingbird

斑尾鴿 Band-tailed pigeon

斑脇火尾雀 Diamond firetail

渡鴉 Raven

紫紅朱雀 Purple finch

黃昏雀 Evening grosbeak

黑白苔鶯 Black-and-white warbler

黑紋胸林鶯 Magnolia Warbler

黑頂山雀 Black-capped chickadee

黑腹濱鷸 Dunlin

黑嘴天鵝 Trumpeter swan

煙囪刺尾雨燕 Cigar-shaped chimney swift

遊隼 Peregrine falcon

歌帶鵐 Song sparrow

綠頭鴨 Mallard

翠鳥 Kingfisher

蒼頭燕雀 Chaffinch

鳴角鴞 Screech owl

撲動鴷 Northern flicker

歐金翅雀 Green finch

歐歌鶇 Song thrush

潛鴨（屬）Diving duck

褐斑翅雀鵐 Chipping sparrow

橙胸林鶯 Blackburnian warbler

橙腹紅梅花雀 Gold-breasted waxbill

機敏黃喉地鶯 Connecticut warbler

燈心草雀 Junco

燕鷗 Common tern

橙腹擬黃鸝 Baltimore oriole

戴菊（屬）Kinglet

戴菊 Goldcrest

藍山雀 Blue tit

藍飾雀 Cordon bleu

藍鶯 Cerulean warbler

鏡冠秋沙鴨 Hooded merganser

鵲鴨 Goldeneye duck

鷚雀 Lark sparrow

鷦鷯（科）Wren

鸕鷀（科）Cormorant

297

鳥、藝術、人生
——觀察自然與反思人生的一年
Birds Art Life: A Year of Observation

作　　　者	京・麥克利爾（Kyo Maclear）
譯　　　者	張家綺

插圖繪製	Kyo Maclear
內頁攝影	Jack Breakfast (www.smallbirdsongs.com)

總 編 輯	富察
主　　編	林家任
編　　輯	林子揚
企　　劃	蔡慧華、趙凰佑
排　　版	宸遠彩藝
封面設計	兒日

社　　長	郭重興
發 行 人	曾大福
出版發行	八旗文化／遠足文化事業股份有限公司
地　　址	新北市新店區民權路 108-2 號 9 樓
電　　話	(02) 2218-1417
傳　　真	(02) 8667-1065
客服專線	0800-221-029
信　　箱	gusa0601@gmail.com

法律顧問	華洋法律事務所蘇文生律師
印　　刷	通南彩色印刷股份有限公司
出版日期	2017 年 09 月初版一刷
定　　價	新台幣 350 元

國家圖書館出版品預行編目（CIP）資料

鳥、藝術、人生：觀察自然與反思人生的一年／京・麥克利爾 (Kyo Maclear) 著；張家綺 譯 . 初版 . 新北市：八旗文化，遠足文化，2017.09
304 面；13*21 公分
譯自：Birds, Art, Life : A Year of Observation
ISBN 978-986-95168-4-6（平裝）
1. 麥克利爾 (Maclear, Kyo, 1970-) 2. 傳記 3. 自我實現
785.38　　　　　　　　　　　　　106014017